新/闻/传/播/学/丛/书
■主编■李珮■

我国新闻教育发展现状与改革路径探索

——基于中美新闻教育实践的考察

陈丽丹/著

中国传媒大学出版社
·北京·

本研究系教育部人文社科青年基金项目"新媒体冲击下的新闻教育——美国新闻教育改革对我国的启示"(13YJCZH014)的研究成果

前　言

整个媒介发展史不是一种媒介取代另一种媒介，而是媒介形态的相互叠加和功能的相互平衡。在新的媒体竞争环境中，媒体急速转型，传统媒体与新媒体呈现出一种融合发展的趋势。这是信息时代背景下的媒介发展理念，是在互联网迅猛发展的基础上传统媒体的有机整合，这种整合体现在两个方面：技术的融合和经营方式的融合。同时，媒介融合是一个动态的过程，首先是媒介形态进行融合，其次在生产结构、传媒体制到社会、经济生活上发生变化。

在实践中，特别是近年来，随着平板电脑的流行，微博、微信的使用，以及二维码技术的推广，不同媒体之间的界限越来越模糊，全媒体时代的到来，对新闻传播人才提出了越来越高的要求，传统媒体从业者需要具备更广阔的视角、通晓多种信息传播手段、具备一定的新媒体信息发布管理能力和丰富的全媒体管理技巧，这无疑对现有的新闻传播人才教育模式提出了挑战。

进入21世纪后，我国新闻传播教育事业开始了"超常规"的发展。新闻传播类学科作为一门实践性很强的学科，在我国的高校招生目录里已经存在多年。"无冕之王"的称号和理想主义的光环，让新闻传播学类专业备受考生和家长的追捧。但是从教育部有关部门公布的本科专业就业状况来看，新闻传播学类专业的就业率并不理想。一方面，许多新闻传播专业毕业生希望进入主流媒体工作，但越来越难。因为新闻传播专业的毕业生人数在扩大，而全国经核准颁发新闻记者证的记者总人数有限，且媒体招聘不再仅限于新闻传播专业，所以新闻传播专业的毕业生就业竞争十分激烈，一些知名院系的新闻传播专业的毕业生也较难进入主流媒体。另一方面，许多媒体，尤其是新媒体，仍招不到理想的毕业生。新媒体人才急缺的岗位，不仅包括各传统媒体纷纷自建的网站，也包括发展快速的新闻门户网站、专业网站，还包括极具潜力的掌上媒体、金融机构电子信息服务平台等新兴媒体。这些单位，几乎都是盈利能力强、收入水平高、具备国际化视野、发展态势良好的优质企业。究其原因，是传统的新闻传播教育模式和培养理念出了问题。新闻传播专业的毕业生普遍存在知识面狭窄，综合能力、动手能力不强的问题。随着我国传媒业逐步接轨国际，各个传媒集团不断整合，媒介融合日益发展，推陈出新，市场的竞争加剧，越来越需要能适应新的传媒业态、动手能力强、综合素质高的新闻传播类毕业生。

虽然目前国内各新闻院系针对现在新闻学、传播学专业的就业需求，不断调整培养方案，也有一些研究纷纷献计献策，新闻传播教育改革也在不断进行，但是大多数改革并没有脱离原来的思维。在媒介融合、媒体转型的背景下，中国高校新闻传播教育需要全盘考虑如何进行改革，制定合适的培养方案，以适应现代媒体的需求。

目前已有许多著作和论文对新闻教育改革加以探讨，这些作品大多立足于媒介融合的经验之上提倡教育层面的改革，并对中国新闻传播教育改革进行了宏观探讨，对推动我国新闻教育改革起到重要的理论指导作用。面对媒体转型期的新闻传播教育当前还没有建立一种具有可操作性的常规模式，我国和国外的新闻传播院校的教育改革还处于不断探索之中。所以本研究对我国各个地区的部分新闻院系课程的开设情况，尤其是对与新媒体相关的课程和实践给予关注，并结合美国一些著名新闻院系的课程设置经验，在自我总结和向外借鉴中探寻新闻教育改革之路，本研究系教育部人文社科青年基金项目"新媒体冲击下的新闻教育——美国新闻教育改革对我国的启示"（13YJCZH014）的研究成果。

为基本了解我国新闻教育的现状，有针对性地思考我国新闻人才培养中所需解决的问题，本研究对我国高校新闻教育进行了一次调查，在调研了50余所新闻院系的基本情况后，选取20个2018年学科排名靠前的新闻院系和港澳台地区部分新闻院系，对其课程设置和教学情况进行大致的梳理。因为调查范围和调查能力所限，本研究只了解了部分高校的新闻教育情况，没有覆盖所有的新闻院系，所选取的是对本研究较有分析指向性的数据。因为我国将新闻传播学设为国家一级学科，下设新闻学、传播学、广播电视学、网络与新媒体、广告学、编辑出版学等专业，且目前大部分新闻院系各个专业之间的课程存在一定交叉，所以本研究中的数据除了涉及新闻学专业外，还包括传播学、广播电视学、网络与新媒体、广告学等专业，没有局限在只对新闻学专业进行分析。

本研究分为五个部分。第一部分是绪论，对研究背景、研究目标、研究内容、文献、研究重点及难点、研究思路、研究方法和研究所采用的理论进行阐述。第二部分是对我国部分高校的新闻教育现状，从院系情况、师资队伍、课程设置、实验室建设和实践平台等方面进行归纳和介绍。第三部分是从用人单位和学生的角度对当前新闻教育进行调查，并进行分析，主要采用调查问卷和深度访谈的方式展开。第四部分是对美国新闻教育情况的介绍，选取了美国哥伦比亚大学新闻学院、密苏里大学新闻学院、威斯康星大学麦迪逊分校新闻与大众传播学院、西北大学麦迪尔新闻学院、纽约大学新闻学院、雪城大学新闻学院、圣克劳德州立大学新闻学院，对其课程设置、教育模式、新媒体实践等方面进行了了解。第五部分是对当前我国的新闻教育情况的总结，并对今后的发展提出一些建议，主张对美国新闻教育进行反思，取其精华，去其糟粕，从建设教学管理体系、细化课程设置、具体化专业定位、更新教育理念、拓宽改革思路、加强教师队伍建设、丰富新闻教育方式等方面进行学习。

本研究从资料搜集到研究分析，再到最后的系统化梳理，耗时较长，且在数据搜集中可能受信息源局限性的影响，相关数据可能会存在一些时间上的滞后性或与真实情况略有偏差，请各新闻院系的专家学者多包涵指正。

目　录

第一章　绪　论 ……… 001
第二章　我国新闻院系新媒体教育现状 ……… 014
　第一节　大陆部分新闻院系的新闻教育现状 ……… 015
　第二节　港澳台地区部分新闻院系的新闻教育现状 ……… 035
第三章　对当前我国新闻教育的调查与分析 ……… 041
　第一节　用人单位对新闻人才的需求 ……… 041
　第二节　新闻院系学生对新闻教育的反馈 ……… 047
　第三节　我国新闻教育的发展规模与存在的困境 ……… 056
第四章　新媒体背景下的美国新闻教育 ……… 060
　第一节　美国新闻教育概况 ……… 060
　第二节　美国部分新闻院系的新闻教育现状 ……… 063
第五章　美国新闻教育对我国的启示 ……… 094
　第一节　美国新闻院系的新闻教育特色和教育方式 ……… 094
　第二节　对我国新闻教育改革的相关建议 ……… 099
参考文献 ……… 107
附　录 ……… 113
　附录一　新闻专业新媒体教育现状调查问卷 ……… 113
　附录二　对用人单位和新闻专业学生的访谈表 ……… 116
后　记 ……… 117

第一章 绪 论

一、研究背景

我国国民经济与社会发展第十三个五年规划纲要中指出:"提升全民教育和健康水平,把提升人的发展能力放在突出重要位置,全面提高教育、医疗卫生水平,着力增强人民科学文化和健康素质,加快建设人力资本强国。"推进教育现代化就是要"全面贯彻党的教育方针,坚持教育优先发展,加快完善现代教育体系,全面提高教育质量,促进教育公平,培养德智体美全面发展的社会主义建设者和接班人"①。

习近平在十九大报告中提出:"优先发展教育事业。建设教育强国是中华民族伟大复兴的基础工程,必须把教育事业放在优先位置,加快教育现代化,办好人民满意的教育。"要全面贯彻党的教育方针,落实立德树人根本任务,发展素质教育,推进教育公平,培养德智体美全面发展的社会主义建设者和接班人。推动城乡义务教育一体化发展,高度重视农村义务教育,办好学前教育、特殊教育和网络教育,普及高中阶段教育,努力让每个孩子都能享有公平而有质量的教育。完善职业教育和培训体系,深化产教融合、校企合作。

在 2016 年 2 月 19 日党的新闻舆论工作座谈会上,习近平强调:"媒体竞争关键是人才竞争,媒体优势核心是人才优势。要加快培养造就一支政治坚定、业务精湛、作风优良、党和人民放心的新闻舆论工作队伍。新闻舆论工作者要增强政治家办报意识,在围绕中心、服务大局中找准坐标定位,牢记社会责任,不断解决好'为了谁、依靠谁、我是谁'这个根本问题。要提高业务能力,勤学习、多锻炼,努力成为全媒型、专家型人才。要转作风改文风,俯下身、沉下心、察实情、说实话、动真情,努力推出有思想、有温度、有品质的作品。要严格要求自己,加强道德修养,保持一身正气。要深化新闻单位干部人事制度改革,对新闻舆论工作者在政治上充分信任、工作上大胆使用、生活上真诚关心、待遇上及时保障。"②

在研究技术层面,随着传播技术的快速发展,传统的大众传播方式已发生改变,新型的传播方式已成为信息传播的主要方式。传播方式的改变带来了新闻业界的变革,新闻业

---

① 中华人民共和国国民经济和社会发展"十三五"规划纲要 [EB/OL]. (2016-03-17) [2016-11-21]. http://www.guancha.cn./society/2016-03-17_354244.shtml.
② 李斌,霍小光. 习近平:坚持正确方向创新方法手段,提高新闻舆论传播力引导力 [EB/OL]. (2016-02-19) [2016-11-21]. http://www.xinhuanet.com/politics/2016-02/19/c_1118102868.htm.

界的变革将影响新闻教育的发展。媒介融合对新闻教育提出新的要求，新闻人才需要新的技能。我国的新闻教育在媒介融合大背景下开始逐步转型，寻找与时代接轨的方法。

随着媒介融合趋势的不断加强，我国高校新闻院系将学生专业能力和宽广知识的培养作为人才培养目标的关键。确立的培养目标不同，培养出的人才就不同，媒介融合时代需要具有宽厚的知识基础和熟练的专业技能的新闻人才。[①] 现在的传媒业对人才的需求多表现为懂技术、精专业的新闻人才，要求其掌握新闻策划、采访、写作、视频制作、数据挖掘分析等知识技能，而高校培养的多是单一型人才。现阶段我国高校新闻院系的新闻人才培养以理论学习为主，加上掌握基本的专业技能，并以实习作为业务训练的环节。未来的新闻人才还需要新的技能来应对新媒体时代的要求，这样才能为他们顺利走上工作岗位打下基础。

此外，我国许多新闻院系的培养范围还存在一定的局限，对新闻人才培养的要求大同小异，内容宽泛不具体，可操作性较差。由于培养目标和培养要求存在问题，致使培养出的新闻人才缺乏个性，新闻意识不强。培养目标和培养要求是新闻教育的根本，为了适应新媒体时代的发展，我国高校新闻院系应立足于自身的特色注重学生的专业技能。目前，我国部分高校新闻院系的人才培养目标已经开始逐渐迎合新媒体时代对新闻人才的要求，向数据新闻、新媒体等方向进行课程建设和专业建设。在"内容为王"的时代，学生必须掌握新闻专业以外的其他专业知识，如计算机、经济学等，进行跨学科培养，避免知识结构单一的情况。

深入新闻用人市场，会发现刚毕业的新闻专业学生将面临来自两方面的工作竞争压力：一方面是来自政治、经济、外语、计算机等非新闻专业毕业生的竞争压力，另一方面是来自具有丰富社会阅历的宣传报道人员的竞争压力。其实，新闻用人单位招聘其他各专业的大学毕业生，究其原因，是他们反而能更好地具备某领域的专业知识，对某领域进行采编的能力也更熟练。虽然他们掌握的新闻知识不足，但与不了解社会经济体制、看不懂外文参考书籍和缺乏社会认识的新闻专业毕业生相比，许多用人单位更青睐让特定专业的毕业生去采编新闻。挑选新闻从业人员的另一个标准是是否具有丰富的社会阅历。因为，这类人往往具有多年基层新闻宣传报道的工作经验，实践经验丰富，能独立进行采访报道，并且能灵活适应和处理各种社会关系，是各大媒体争相夺取的人才。

为此，在新时代背景下，对于当今新闻教育，从就业需求角度来看，有两条改革路径：第一条路径是新闻院系要保证课程知识的广泛性，即关注政治、经济等方面的知识，明确新闻和政治是双胞胎，了解经济是新闻的晴雨表，认清股市是新闻的风向标；第二条路径是理论知识和实践报道相结合，拓宽专业设置，即培养的不仅是采编能力一流，而且在新闻管理、出版、广告等方面也能轻松驾驭的复合型人才。

新闻媒介的发展与跨平台运行使人们重新看待新闻价值，并重新界定新闻。有人认为新闻在当今的世界已经逐渐成为一种商业工具，在商业利益的驱动下，媒体职业道德迅速下滑，媒介成为取悦受众的低级消费品。而且新闻节目与娱乐节目之间的界限开始渐渐模糊，由于盈利的驱动根据算法推送新闻变得越来越普遍。受众的喜恶成为衡量节目好坏的唯一标准。而且由于新闻职业的专业性不突出，学生对于编辑的兴趣也在慢慢降低，新闻

---

① 岳芹芹.论媒介融合背景下我国新闻教育改革［D］.石家庄：河北经贸大学，2015：1-49.

工作面临着巨大危机。①

二、研究目标与内容

（一）研究目标

1. 探讨我国新闻教育在新媒体冲击下产生的新闻理念、课程设置等方面的变化，以及用人单位、学生对当前新闻教育的看法。

2. 调查目前美国新闻教育新媒体课程开设情况、培养目标、培养方式、实践操作、与媒体合作情况、从业情况等方面的特点。选取哥伦比亚大学新闻学院、密苏里大学新闻学院、威斯康星大学麦迪逊分校新闻与大众传播学院、西北大学麦迪尔新闻学院、纽约大学新闻学院、雪城大学新闻学院以及圣·克劳德州立大学新闻学院等美国新闻院系作为研究对象。分析在新媒体环境下，以上新闻院系的应对方法。

3. 综合比较中美新闻教育在新媒体环境下的变化，以寻求建设科学新闻教育体系的方法。

（二）研究内容

本研究的理论框架主要借用社会学的"文化变迁"理论，探讨中国媒体的发展变化与新闻教育的发展变化的关系，并运用西方社会学的系统论，把中美两国的新闻教育放在同一维度，探讨中美两国新闻教育的新媒体应对之策和教育体系建设。美国的新闻教育改革对中国的新闻教育是有启示意义的。从社会学上讲，一个社会从外部去学习不同的制度和文化，并同这种异文化进行整体、持续而直接的接触，进而受到外部文化的影响，将之融入本文化。中国新闻教育的理念和模式是在中国整体的教育机制下产生的，而中国教育机制得益于美国的教育理念和精神的西学东渐，美国新闻教育理论和实践的改革潮流也将影响中国的新闻教育，目前的新闻教育已经向全球化和科技化发展，如美国新闻专业原版教材的引进、双语教学的开展等。纵观新闻教育传统和当下的形势，我国新闻教育基本上是与外国新闻教育一起发展演进的，在一定的共性的基础上，在培养目标、要求和课程内容等方面保留中国特色。

三、文献综述

（一）对国外新闻教育的研究现状

在新闻教育的比较研究中，大部分学者主要通过把美国、英国、法国、德国及日本等国家与我国的新闻教育进行对比，分析外国新闻教育的历史发展、教育模式、课程设置、人才培养模式等问题，吸收和借鉴国外比较成功的教学经验，来促进我国新闻教育的发展。这是这类专著通常所呈现出的一个比较清楚的思路。这类专著有两种形式，一种是比较系统、全面的纯专著，另一种是有关中外新闻教育对比研究的论文集。笔者首先对有关新闻教育的专著进行了分析总结。

目前，学界对于新闻教育的起源有了基本一致的认识，世界新闻教育起源于欧美，最早出现在德国，随后美国赶了上来，并成为主流。② 随着社会历史的不断演变与发展，新闻教育在促进社会进步方面发挥的作用越来越明显，已经成为教育的一个重要组成部分，

---

① 黄鹂. 对美国新闻教育职业化的思考 [J]. 华中科技大学学报（社会科学版），2005（2）：107-111.
② 陈昌凤. 中美新闻教育传承与流变 [M]. 北京：中国广播电视出版社，2006：8.

为此，很多学者或从业人员对我国的新闻教育进行了充分的研究，形成了大量的研究成果。在这些研究成果中，笔者通过阅读大量的专著发现，我国学界对新闻教育的研究已经形成了相当规模，研究的视角不同，研究的方法多种多样，研究的问题各有侧重。

在这里，笔者想重点对中外新闻教育专著的比较研究进行简单梳理，在继承前人的优秀研究成果的同时发现新问题，或者是有待改善或还未解决的问题，最后做出总结陈述。以上也是笔者在进行总结时的一个大体思路。

我们先来梳理一下在这类专著中有关外国新闻教育的情况。之前我们也提到，之所以对中外的新闻教育进行比较研究，是因为我国的新闻教育在发展的过程中遇到了问题，从而引发学界和从业人员等对这一问题的思考，而最终的目的还是要解决这一问题，也就是要学习西方在新闻教育中的经验。

目前西方发达国家的教育模式大致可以分为三种，即美国模式、西欧模式和日本模式。① 这种分类方式也得到了我国学者的普遍支持。针对美国的模式，有学者总结了三个特点：一是以实务训练为本体，重视实际业务技能的培养，采访、写作、编辑、评论等基础业务课程非常充实；二是以社会学科为依托，重视社会科学理论的培养；三是以人文主义为核心，大学新闻系都设有以新闻理论和新闻道德为内容的课程，其目的一是培养未来新闻记者的新闻自律意识和职业规范，二是提高他们的社会责任感和新闻正义感。② 欧洲的模式主要以英国为代表。在传统上，英国的新闻教育一向侧重在职训练，"学徒制"的报馆新闻训练是英国的一大特色。与英国类似，在法国、德国、爱尔兰和希腊这些国家中，所谓的"学徒制"还相当普遍。日本模式比较独特，其早期新闻教育理念深受德国的影响，"二战"后教育模式又深受美国的影响，日本的人才培养最初是师承英国的学徒制，之后又开创了高等新闻教育、在职教育和大众传播教育相结合的多层次的新闻教育体制。③ 以上是我国学者对发达国家新闻教育模式的归纳总结，从中我们可以发现教育模式并不是只有一种，而是多种多样的，学者对于新闻教育模式的总结也并不是完整的、全面的，之所以对这些国家的新闻教育模式进行总结，也是有一定的理由和道理的，首先就是这些国家的新闻教育具有典型性和代表性，在新闻教育发展过程中处于一个相对优越的位置。但笔者相信世界上的新闻教育模式还有很多，每个国家的历史发展、社会制度、人文特征的不同，都会使得教育制度或教育模式在一定程度上存在差异，这也是我们必须认识的一个问题。④

另外，这种类型的专著还有一个比较明显的特征，那就是这类专著中列举了西方发达国家新闻教育发展比较先进的一些知名高等院校，比如美国的密苏里大学、宾夕法尼亚大学、哈佛大学、纽约大学，英国的伦敦大学、伯明翰大学，以及法国的斯特拉斯堡大学等，通过对这些知名院校的发展历史、办学经验、教学模式、课程设置、资源投入以及师资队伍的建设等方面进行分析探讨，总结其先进的教学经验。在这里笔者主要对美国的知名院校的新闻教育进行归纳总结，其中以密苏里大学新闻学院等新闻院系的新闻教育为代表。密苏里大学新闻学院是美国也是世界上最早设立的新闻学院，这同时也标志着美国新

---

① 邓涛，强月新. 新闻学与传播学关系初探 [J]. 湖北教育学院学报, 2007 (6): 28-31.
② 贺明华. 论美国新闻教育模式的形成及价值 [J]. 国际新闻界, 2011 (8): 25-31.
③ 陈昌凤. 中美新闻教育传承与流变 [M]. 北京：中国广播电视出版社, 2006: 8.
④ 陈昌凤. 中美新闻教育传承与流变 [M]. 北京：中国广播电视出版社, 2006: 9.

闻教育的正式开端。当代美国的新闻教育在本科教育方面主要有三个重点：一是人文素质教育，二是专业技能培训，三是思想思维培养。美国的新闻教育注重宽口径知识的学习，高等院校建议并要求新闻专业的学生参加其他专业的辅修课程或攻读双学位，这也体现了美国高等院校要求新闻专业的学生全面发展的教学宗旨。此外，我们可以明显地感受到，美国高等新闻教育非常重视专业技能的培训和学生的实践能力。这一点体现在美国高等院校的课程设置上。平面媒体新闻专业的技术课程包括媒体写作、公共事务报道、高级报道、出版编辑、杂志文章和特稿。广播电视新闻专业的技术课程包括广播电视新闻写作导论、电视新闻、电子新闻搜集、高级电视新闻等，让学生在报道中学会使用摄像机，掌握不同领域的报道技巧以及长篇报道技术，其目的是让学生具有胜任不同岗位的能力。最后一点就是，美国高校强调教学与科研的特色及优势。每一个新闻院系都有各自鲜明的办学宗旨，将教学与特色项目紧密地结合起来（辛欣、雷跃捷，2009）。

从以上的陈述中我们可以对美国新闻教育的课程设置有一个大概的了解，同时总结其特点，对于一些先进的经验、可行性和实施性较强的课程，我们也可以学习。

以上是我国学者对外国新闻教育的归纳与总结。

（二）对国内新闻教育的研究现状

国内研究也比较关注对我国新闻教育基本情况的梳理与归纳，对我国新闻教育发展历史进行呈现，在这一基础上，学者们根据自己的研究重点与研究方向进行有选择性的取舍，比如有的学者会把自己的研究重点放在新闻教育的现状分析上，有的会对新闻教育的改革进行比较深入的研究。就目前有关我国新闻教育历史呈现或发展阶段方面，大多数学者主要从四个阶段进行分析研究，即中华人民共和国成立前的新闻教育、中华人民共和国成立至改革开放初期的新闻教育、改革开放以来我国的新闻教育、新世纪我国内地的新闻传播教育（秦珪，2015；许晓明，2016；辛欣、雷跃捷，2009；邱沛篁，2015；邱沛篁，2012）。就每一个阶段而言，学者们会对该阶段出现的新闻教育机构（包括高等新闻教育机构、新闻职业学校等）、新闻学类的专业点数量、有关新闻教育的主题会议、相关课程的设置等进行一定规模的数据统计，同时，对这一时期的新闻教育模式、教学方式、教学特点等进行分析，指出在这一时期的新闻教育中存在的问题，并且对其原因进行分析，说明当时是什么原因造成我国新闻教育在这一时期的落后。这是国内学者对我国新闻教育发展历史的主要思考路径（陈昌凤，2006；李希光，2010；史安斌，2014）。

还有一些研究采用中外新闻教育的比较研究，全面、系统地对中外新闻教育的发展历史、中外新闻教育之间的关系、中外新闻教育各自的特点、在发展过程中遇到的问题及其所采取的改革措施等进行了深入的对比分析与研究总结，并且对我国新闻教育的改革发展具有一定促进作用（林牧茵，2013；辛欣、雷跃捷，2009；张昆，2012；钟新、周树华，2006；王明光、黄先义，2016；马嘉，2009；刘昶、甘露，2015；等）。

目前，国内对于新闻教育的研究基本上已经形成了一种既定的研究模式，主要对西方发达国家进行研究，借鉴西方的新闻教育模式和人才培养方式。近年也开始有一些研究关注其他一些国家的新闻教育，研究他们的新闻教育是一种怎样的模式，这些国家的新闻教育与西方国家相比有什么特点等。对此，笔者认为很有必要从这一层面来深入研究。不过，这类研究进展较慢，会受到各种因素的限制，比如语言的障碍，经费投入较少，获取外国资料的限制等，相关可借鉴的成果也较少。

不过，中外新闻教育尚没有做到充分的对比分析。全面地从各个方面对中外新闻教育进行对比分析的难度较大，大多分析各自所呈现的特点，在本国历史发展进程中所起的作用与意义等问题，在分析个性的同时总结其共性。但是就新闻教育在改革发展中遇到的某些具体问题，如中外新闻教育在措施上有何不同，最终达到了什么样的效果等，并没有相关研究。大多数学者普遍是从外国新闻教育对中国新闻教育的影响这一方面进行研究的，从源与流的关系等方面进行探讨。

随着数字技术、网络技术和现代通讯技术的发展，新媒体时代的到来引发了新闻业的深刻变革，媒介融合的趋势越来越明显，这对新闻专业教育以及从事新闻行业的专业人员都提出了更高的要求，传统的新闻教育在某种程度上已经不能满足市场对人才的需求。在媒介融合过程中，新闻专业教学理念、教学形态、教学机制等正在或已经发生变化，媒体的结构、工作方式、人员构成等随之改变，在这样一个大的环境背景下，我国的新闻教育改革该如何进行，这是值得我们思考的一个问题。目前学者们在这类研究中，主要是从我国新闻教育的发展现状、面临的主要困境、进行改革的必要性或理论依据以及改革的具体路径等几个方面来进行研究，这也是新闻教育改革类研究所具有的一个共性。

我们不难发现，目前有关新闻教育改革类的专项研究都比较全面系统，虽然研究的内容都是围绕相同的部分展开的，但是各有侧重。有的学者注重对广播电视新闻教育改革的研究；有的会把新闻教育的改革放在一个大的环境背景下进行研究，比如大众化语境下的新闻教育改革研究；而有的学者是以解决现实问题为出发点，所以会把研究的重点放在新闻教育改革的具体实施办法上等。这也是我国学者在这一方面研究的一个特点和优势。

以新闻教育为主题的论文也较为丰富。笔者在中国知网以"新闻教育"为关键词进行检索，2000—2016 年的论文一共 2 885 篇，其中有关新闻教育的论文共 1 065 篇。通过对论文文献进行整理，我们可以发现，在 2007 年之前论文数量呈上升趋势，2007—2008 年论文数量陡增，于 2008 年后呈平稳趋势，且在 2011 年的时候形成小高峰。经过研究发现，2008 年对于中国的新媒体产业来讲是不寻常的一年。这一年里，中国网民数量首次大幅度上升，以至于超过美国跃居世界第一位，新媒体产业展现出巨大的市场空间；第 29 届北京奥运会上，国际奥委会首次将互联网、手机等新媒体作为独立转播机构，新媒体的精彩亮相备受瞩目。[①] 产业升级、体制改革、政策驱动、优质资源注入、受众接受度与依赖度的不断提升，都推动新媒体加快前进步伐。[②] 同样地，我们发现 2011 年形成小高峰也离不开新媒体的快速发展，2011 年被称作互联网产业的活力之年以及微博元年，也正是我国实施"十二五"战略规划的开局之年，互联网产业作为国家重点推进的战略性新兴产业，其快速发展的势头不可阻挡。自 2011 年以来，我国网民数量增多，互联网普及率提高，手机使用度增加，自媒体发展迅速，并且对于微博、云计算的使用更加频繁，这样持续的增长为近几年互联网发展奠定了良好基础。2011 年后的论文数量与之前基本持平，保持了良性发展。

本研究对探讨新闻教育的 1 065 篇论文进行了梳理，见图 1-1，其中关于国内高校经验的有 116 篇，国外高校经验 133 篇，教学模式及改革（课程设置、培养目标、师资队伍、学科建设等）538 篇，人才培养 133 篇，新闻教育的问题挑战及机遇 130 篇，教育历

[①] 高红波. 2008 年中国新媒体产业发展研究 [J]. 现代视听，2009（2）：22-24.
[②] 陈怡. 2008 新媒体发展亮点 [J]. 中国记者，2009（1）：40-41.

史和发展现状 80 篇。从图中可以看出，教学模式改革的论文是大头，其余部分数量相当，说明在当今环境下，教学模式的改革仍然存在不足，所以在这么长的时间里，学者们对这个问题的关注度始终是最高的。新闻教育的改革也可以说主要是新闻教学模式的改革，我们看到，蔡雯、陈昌凤等专家都研究过关于高校教学模式改革的案例，比如陈昌凤写的《后喻时代的新闻教育——清华大学新闻与传播学院的"清新传媒"实践教学模式》里就探讨了清华大学如何改变传统教学而实现新的教学模式。① 而将国外和国内分离开来，可以更好地将两者进行对比。经过整理研究发现，在关于"国外高校经验"中，提到的国家有美国、俄罗斯、英国、日本、加拿大、澳大利亚以及德国，论文的分布数量如图1-2所示。通过该图我们发现，美国所占的比重最大，为67%，这说明越来越多的学者关注美国新闻教育模式改革，有学者还提出中国的新闻教育改革是美国新闻教育改革的本土化。本研究在总结前人经验的基础上，对比中美新闻教育的异同。同时，我们还看到新闻教育在发展过程中存在些许问题，需要理论的建构来解决，所以我们提出了新闻教育的问题、挑战和机遇。从过去的研究中总结经验，从现状中发现问题，在发展中使之尽善尽美。

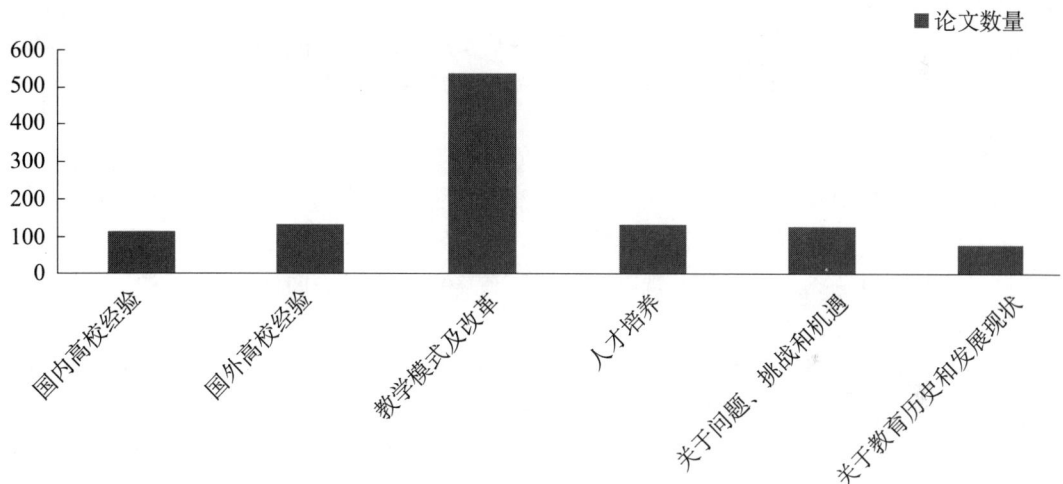

图 1-1 2000—2016 年与新闻教育主题相关论文的内容分类统计

（三）文献述评

1. 专著述评

在阅读完这类专著后，笔者发现了其中的不足，主要有以下几点：

（1）专著研究成果有待丰富

此类研究在近几年数量有所增长，其中既有对中外新闻专业教育的比较研究（王明光、黄先义，2016；王定华，2016），也有对新闻教育的反思（张昆，2017；单波，2016；王晓红，2016），但结合国外新媒体课程设置的研究还不多，尚有一定的研究空间。新媒体时代下的新闻教育具有发展速度更快、内容更丰富、形态多元化等特点，而我国对于新闻教育改革的研究著作可以进一步跟上时代发展的步伐。

---

① 张小琴，陈昌凤. 后喻时代的新闻教育——清华大学新闻与传播学院的"清新传媒"实践教学模式 [J]. 国际新闻界，2014（4）：150-157.

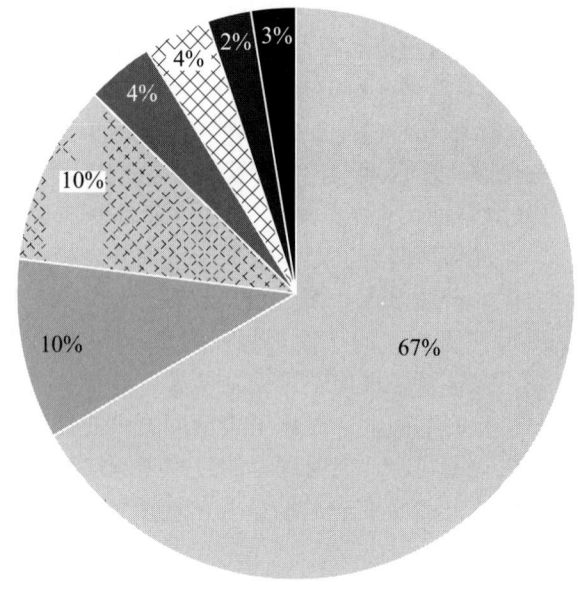

■美国 ■英国 ■俄罗斯 ■日本 ■加拿大 ■澳大利亚 ■德国

图 1-2 我国新闻教育国外经验研究的主要研究对象分布

(2) 研究的内容比较单一

在前面的总结中我们了解到，这类专著基本上都会围绕我国新闻教育的发展现状、面临的主要困境、进行改革的必要性或理论依据，以及改革的具体路径等几个方面来进行研究，每一方面都有待深入地探究，现阶段的研究较多停留在对表面现象的描述上。

(3) 研究的方法比较传统

这类专著的研究基本采用文献分析、抽样调查、比较研究、深度访谈比较研究和个案研究等研究方法。这些方法大多较为传统，因此在运用的过程中，为了使我们得出的数据更准确、更权威，在方法的采用上和相关数据的收集方面，或许可以尝试采用其他的方法，比如现在比较火热的大数据。

(4) 对受教育者的研究较少

研究的最终目的还是要回归到现实中来解决具体问题。就目前的研究现状而言，新闻教育改革是否是建立在受教育者的实际需要的基础上，针对这一问题，相关研究涉及的不多，主要从课程的设置、教学模式、评估体制等环节进行研究。

有关新闻教育改革的研究还有必要继续深入进行，尤其是结合用人单位以及新闻传播专业学生的实际需要进行相应的课程调整和变化。随着网络时代的快速发展以及信息和知识的更新速度加快，教育作为社会发展的重要组成部分，对这方面的研究必须与日俱进。这类专著研究的最终目的，归根结底就是要对我国的新闻教育改革提出具体的可行性办法，使我国的新闻教育更快更好地发展。

现有研究所着力解决的问题有：

(1) 当今世界到底需要怎样的新闻学院，或者说我国到底需要怎样的新闻学院？

(2) 一直以来，从事新闻学的教育者们努力追赶业界变化的脚步，新闻教育是被实务界的变革引导的，而不是引导业界的变革。难道我们的新闻教育只是为了向实务界输送人才？我们的教育者是这个领域最前沿的引路人，为何不由教育指导实务界的变革？

（3）如何顺应时代的发展，使新闻教育能够适应现代社会的需要？

（4）外国新闻经验的本土化问题，即外国的新闻教育经验如何更好地与我国新闻教育的实际情况相结合？

（5）新闻学与传播学教育的相互关系是什么？

（6）高校在人才引入上，应该怎样权衡高学历和经验等方面的条件？权衡的标准是什么？

2. 相关文献研究总结

通过对以上文献内容的分析，我们可以发现现有研究对新闻教育的发展有着建设性的意义，促进了新闻教育改革的前行。但是在新媒体急速发展的今天，研究尚有可完善之处。基于此，本文对其优缺点加以总结。

当前新闻教育相关论文观点的优点主要有以下几个方面：

（1）新闻教育研究内容细化

将新闻教育改革由一个概念细化为教学中的各个方面，更加体系化。"新闻教育改革的最重要的四大要素：学科架构、师资队伍、课程体系、教学平台"[1] 在学科架构上，将跨学科教学常态化，邀请不同学科的专家给新闻学院授课，目前新闻院系自身培养跨学科的教学和科研人员的路径效率低，而且困难较多；在师资队伍建设上，一方面骨干教师要进行知识进阶和升级，到一些国际主流专业机构、国外优秀的新闻院系进行学习和学术交流，另一方面引进一些不同专业背景的人才补充教师队伍，与此同时将新闻界的资深媒体从业人员纳入师资队伍；在课程体系上，除了传统的新闻基础理论、新闻采写编评等课程，需要增加一些具有人文情怀和职业道德指向的课程，如新闻心理学、新闻舆论学、新闻伦理学、新闻美学等[2]；在教学平台上，各新闻院系应为学生提供动手的空间和条件，可以用报纸排版系统办报纸，也可以使用拍摄、剪辑设备制作视频音频，置身于真实的工作环境和工作压力下，体验完全真实的新闻工作。[3]

（2）能主动提出问题和对策

新闻教育改革是一个动态的过程，是不停发展的。一段时间的改革策略可能会过时或者不适应新的媒体环境，如果一直停滞不前，新闻教育改革将会是失败的改革。但是通过整理论文，我们发现基本每年都会有关于"新闻教育当前问题及反思"等方面的论文出现。这些论文通过分析过去论文提出主导性观点，研究其可行性，从而得出结论，具有现实意义。

当前新闻教育相关论文观点的缺点主要包括以下几个方面：

（1）忽略了反馈的问题

反馈是指传播者将所传递的信息作用于受传者，所产生的结果又传回至传播者，并对后续传播产生影响。在传播过程中，正是因为有了反馈环节，才能使双向传递得以进行，才能根据反馈信息调整后续行为，有了反馈，才能证明信息的真实和有效。在新闻教育中，教学改革的实施，只是一种将信息向学生输送的过程。学生是否接受，改革措施是否

---

[1] 高钢. 媒介融合趋势下新闻教育四大基础元素的构建 [J]. 国际新闻界，2007（7）：29-34.
[2] 龙伟. 中、美新闻学本科高等教育比较研究 [D]. 河南大学，2010：1-58.
[3] 黄雅兰，陈昌凤. 走向常态的融合新闻报道 [J]. 中国记者，2014（12）：45-47.

真正有效，却少有人关注。现在的情况，就好比一个大型工厂，用新技术、新思想去改革创新技术，买了新机器来进行批量生产，但生产出来的东西是否符合大众口味，需要通过销量和购买者的反馈来证明。新闻教育也是一样，新闻教育改革的完整性，也是要通过反馈来证实的。

（2）不符合新闻行业的现实需求

在以"新闻教育"为主题的相关论文中，在教学模式改革和人才培养方面有很多读者都提出，当今新闻教育需要多元化发展，比如在课程体系安排上，应当有学科的交叉培养；在人才培养上，需要提升学生的人文素养，延伸学生多方面的能力。然而，在当今新闻行业的生存环境下，如果什么都是一知半解而没有专业领域知识，就业也是困难的。大多数媒介组织都表示还是希望寻找到在某一种媒介中很优秀的人才。所以新闻教育改革提出的这种多元发展无疑只是一种理论上成型的模式，倘若真的从社会发展的角度来看，有可能无法实现。

（3）观点需要更新

从图 1-1 可以看出，关于教学模式及改革的论文是新闻教育改革主题相关论文中数量最多的，占了一半多，所以这部分论文提出的观点将会是研究的核心。但通过阅读发现，论文里的观点多是提出一些常态化改革，很少有对于新闻教育提出新观点的论文，这就导致论文数量虽多，但是质量好的论文并不多。通过整理笔者发现，每年能在高质量刊物上发表的相关论文更是屈指可数，所以能真正对后续行为产生影响的论点也只是星星点点。

通过对近 20 年的新闻教育专著及论文的分析，笔者得出如下结论：

近几十年来学者们对新闻教育的研究涉及面广、研究度深，研究范围包括国内高校研究、国外高校研究、国内外高校对比、新闻教育历史研究、新闻教育的问题、新闻教育改革研究。研究内容集中在教育理念（培养目标）、教育实践主体、教育内容（课程和教材）、教育形式、教育设施这五个方面，学者们针对我国新闻教育存在的问题也提出了建议。但我们发现，研究者们的关注重点在"教育输出"这一环节，即对高校及其教学模式的研究，而对新闻教育中受教育者的研究非常少；而且在各大高校均提出教育改革的背景下，对于改革措施是否行之有效、改革的目的是否达到，这部分的研究是空缺的。因此，笔者将在现有研究的基础上，对各高校新闻院系的教育系统进行调查，研究他们的具体改革举措，并收集受教育者的情况，评估教学效果，从而看出这种改革措施有无落到实处，最后，再对现存新闻教育的改革提出行之有效的建议。

四、研究思路与重难点

（一）研究思路

本课题采取"现状描述—调查与分析—经验概括—提出建议"的研究思路。以新闻学、教育学为视角，以媒介融合背景下的中美新闻教育为研究对象，检测和探讨：美国新闻教育的改革尝试有哪些？对新闻实践的影响有多大？我国的新闻教育有何启示？我国的各个新闻传播学院如何进行师资、课程等方面的调整？新闻专业的学生如何才能获得就业市场的青睐？凡此都是本研究拟探究的问题，试图发现媒介技术与新闻院系课程设计的关系，找到新闻教育的作用和影响因素，为新时代的新闻专业院系和学生提供有益的参考。

纵观新闻教育传统和当下的形势，我国新闻教育基本上是与外国新闻教育一起发展演进的，存在一定的共性，在新媒体的冲击下，在课程设置、实践教学等方面都突出了新媒体特色。

(二) 研究重点

1. 本书着重梳理了美国七所新闻院系的新闻教学数据，描述和解释美国新闻学教育的影响因素和发展现状。

2. 深入考察了美国新闻学教育的策略变化，并为我国新闻学教育改革提供新思路。

(三) 研究难点

新媒体是一个发展中的事物，随着科技的发展，其内容不断变化和丰富，新闻学教育的研究没有终点。另外，需要考察国外的研究经验是否能够与中国的现实完全对接，且以科学的方式方法对新闻教育的相关情况进行调查。

五、研究方法

本项研究采用案例分析法、问卷调查法和深度访谈法，对新闻院系学生进行调查，辅以访谈，并对部分新闻院系的教师进行访谈。

调查中以国外七所大学、大陆 20 所大学和中国港澳台地区的四所大学的新闻院系为主要调查对象，了解其课程设计、改革，学生学习的动机、目标、对教学效果的评价等。研究中将质化与量化的方法并用。选取美国哥伦比亚大学新闻学院、密苏里大学新闻学院、威斯康星大学麦迪逊分校新闻与大众传播学院、西北大学麦迪尔新闻学院、纽约大学新闻学院、雪城大学公共传播学院、圣·克劳德州立大学新闻学院等作为研究对象，总结了这些新闻院系的教学经验和做法。

在国内按照 2018 年新闻传播学的学科排名，选择了中国传媒大学、中国人民大学、上海交通大学、暨南大学、复旦大学等 20 个高校的新闻院系进行研究，并对港澳台地区的新闻教育进行梳理，样本的选择倾向于各院校对新媒体课程和实践的呈现情况，选择较能体现新媒体教学的相关内容，以获取国内新媒体教育的相关数据。将资料搜集和整理后，得出目前我国新闻教育中新媒体课程的开设以及与实践联系的具体数字和指标，然后在此基础上做定性分析。

研究中对新闻院系毕业生的用人单位、新闻院系的毕业生、在读学生进行深度接触，了解用人单位在现实中所需要的新闻人才与现有教育培养的人才有何差距，反映出新媒体教育跟不上实践等现实问题，对此主要运用了深度访谈和调查问卷的研究方法。

六、相关理论

(一) 社会变迁理论

社会变迁是社会学领域中的一个重要研究内容，广义上是指一切社会现象的变化，狭义上指社会结构的变化。社会变迁的研究，可以帮助人们全面、深刻地认识各种社会关系及活动，了解事物变化发展的规律。

社会变迁理论有其深刻的理论根源，西方社会学家对此理论的形成做出了重要贡献，例如伦斯基、汤恩比、帕森斯、达伦多夫等人。这一理论是西方社会转型时期的产物，反映了西方当时的社会动态，对西方社会的发展具有积极的影响。同样，这一理论对于社会转型时期的中国社会具有一定的启示意义。在一定的历史条件下，社会结构中的所有要素都是相互联系、相互作用的。

学者们根据不同的研究对社会变迁理论进行了分类，我们这里主要对波普诺的观点进行介绍，他把社会变迁理论分为四种：进化论、循环论、均衡论以及冲突论。

社会变迁进化论认为人类社会是不断发展和变化的。具体来讲，主要表现为由低级到高级、由简单到复杂、由此及彼。法国社会学家孔德的观点是：社会的发展遵循一定的规律与历史发展阶段，主要有三个阶段：神学阶段、形而上学阶段和实证科学阶段，与此相对应的是，人类社会的发展也经历了三个阶段：军事、过渡和工业阶段。英国社会学家斯宾塞的观点是，社会的发展过程类似于生物有机体的进化过程，是一个"细胞"不断分化的过程。现代进化论者认为社会变迁具有多向性，主要表现在：社会的进步是必然的，是沿着多方向进行的，模式是多样的。

社会变迁循环论的代表人物有皮蒂里姆·A.索罗金（Pitirim A. Sorokin）、史宾格勒（Spengler）和汤恩比（Arnold Joseph Toynbee），他们都认为，社会变迁是重复的，具有周期性。阿诺德·约瑟夫·奥斯本格勒是德国的一位历史哲学家，他认为，社会的变化遵循产生、成长、衰老和死亡的发展过程，就像人的生命循环一样。索罗金认为社会的变迁经历三个发展阶段，即灵性、感性和理性，遵循"社会历史循环发展的模式"。

社会变迁均衡论强调社会的变化发展具有均衡性和稳定性。在20世纪60年代，帕森斯将进化论与均衡论结合起来，称之为结构功能主义。他对社会变迁问题一直很关注，特别是在他学术生涯的后十年。他将变迁过程分为四个阶段：分化（differentiation）、适应性增长（adaptive upgrading）、延展内纳（inclusion）、价值概化（value gene ralization）。分化就是指"社会中的单位或子系统分化成不同结构和功能的单位的过程"。适应性增长是指"将更广泛的资源用于社会单位，从而是社会单位的运行在一定程度上摆脱以前限制的过程"。延展内纳和价值概化则是将分化了的结构整合。①

社会变迁冲突论的基本观点是社会发展的矛盾性与冲突性，所以社会变迁具有必然性、急剧性和破坏性。这一理论的代表人物有科瑟尔，他认为："冲突就是有关价值，对稀有地位的要求、权利和资源的争斗。"② 这一理论强调，应将社会体系看成一个整体，而这一整体中又包含矛盾的部分。争夺社会权利和社会资源都会造成冲突，而这种现象是社会内部所固有的，它同时也是社会生活的基础。

（二）教育与社会变迁

教育体系依赖于整个社会的运行环境。只有将教育问题放在一定的社会背景与社会环境中加以考察，才能使研究的内容更为深刻和全面。霍姆斯主张教育与社会系统中的其他元素是密切相关的。因此，研究教育问题不能只关注教育内部的问题，分析教育问题也不能只从内部找原因，还要在复杂的社会系统中寻找答案，从社会学视角看各国共同关心的问题，这才是教育研究的根本所在。③ 教育作为社会系统中的一个子系统，同时也是社会结构的组成部分，它随着整个社会的不断变化而变化。社会变迁与教育之间的关系极为复杂，教育可能是社会变迁的原因或条件，也可能是社会变迁的结果和反映，社会变迁与教育的关系是一种双向的、交互影响的关系。④

---

① 波洛玛. 当代社会学理论 [M]. 孙立平, 译. 北京：华夏出版社, 1989：144.
② 童志峰. 论社会变迁——经典社会学家对社会变迁理论的思考 [J]. 甘肃政法成人教育学院学报, 2002（2）：101-105.
③ 肖毅. 社会变迁理论下的霍姆斯问题法探析兼论比较课程论 [J]. 外国教育研究, 2009（1）：32-36.
④ 毛亚庆. 社会变迁与教育问题 [J]. 乐山师专学报, 1993（2）：28-35.

社会变迁是人类社会最为普遍的现象，教育制度的发展是社会变迁的一个重要部分，这也属于教育社会学的研究范畴。新媒体的发展，促使新闻教育要进行调整和变化，这是社会发展的必然，也是本研究的核心理念和指导思想，贯穿本研究始终。在社会变迁与教育制度发展的大前提下，本研究对国内外的新闻教育现状进行探索，同时对受教育者、用人单位的反馈进行搜集，结合美国一些优秀新闻院系积累的经验，对我国的新闻教育发展提出建议。

第二章 我国新闻院系新媒体教育现状

近些年,经济的高速增长和社会的飞速发展使中国迅速成长为全世界最大的传媒市场。截至2015年7月,中国已经拥有2 000多家报纸、近万种期刊、300多家电台和近3 000个电视频道,网站数量超过300万家,电视覆盖了全国13.5亿人口,互联网用户达6.68亿人,占总人口的48.8%,使用微博、微信等社交媒体的用户超过6亿人。与传统媒体遭遇不同程度危机的欧美发达国家和新媒体蓄势待发的广大发展中国家相比,中国媒体业呈现出"多媒体同步发展、全业态百花齐放"的局面。[①] 截至2018年12月,我国网民规模达8.29亿,全年新增网民5 653万,互联网普及率为59.6%,较2017年底提升3.8个百分点。[②]

云计算技术的裂变式发展,加剧了传统媒体与新兴媒体的融合,媒体行业大洗牌,新的格局和版图正在逐渐形成,各媒体你追我赶,争先恐后搭上这趟车,新媒体人才资源紧缺。媒体机构离不开高校传媒人才的供给,高校传媒学科离不开媒体技术的支撑,更离不开致力于发展媒体新技术企业的支持。在媒体全面融合的时代,高等学校传媒学科在实际教学工作中面临着内容调整、技术迭代、方法更新、资源聚合等棘手问题。在国家要求的传统媒体与新兴媒体融合发展的道路上,各新闻院系只有紧跟政策、把握融合导向才能在传媒教学改革的路上稳步向前,传媒人才只有适应新兴媒体业务发展要求才能始终适应当代媒体的发展。高校作为传媒人才的摇篮,承担着重要的社会的角色和责任。培养拥有创新精神的高水平专门性人才,以胜任如今日新月异的传媒业变革,在全媒体时代成为业界生力军,已经成为各个新闻院系的努力目标。[③]

为基本了解我国新闻教育的现状,有针对性地思考我国新闻人才培养中所需解决的问题,本研究对我国高校新闻教育进行了调查,主要通过网络和局部高校调研进行资料收集,收集了50余所新闻院系的资料,从中又按2018年学科排名进行筛选。受调查范围和

[①] 史安斌,张耀钟. 构建全球传播新秩序:解析"中国方案"的历史溯源和现实考量[J]. 新闻爱好者,2016(5):13-20.
[②] 中国互联网络信息中心(CNNIC). 第43次中国互联网络发展状况统计报告[EB/OL]. (2018-02-28)[2019-05-07]. http://www.cac.gov.cn/2019-02/28/c_1124175686.htm.
[③] 四川外国语大学2016年艺术类专业招生简章[EB/OL]. (2015-12-24)[2019-05-07]. https://www.51test.net/show/6380135.html.

调查能力所限，笔者只了解了部分高校的新闻教育情况，没有覆盖所有的新闻院系，且在数据收集中因信息源的局限性，相关数据可能会存在滞后性或较现实情况略有偏差，所选取的是对本研究较有分析指向性的数据。因为我国将新闻传播学设为国家一级学科，下设新闻学、传播学、广播电视学、网络与新媒体、广告学、编辑出版学等专业，且目前大部分新闻院系各个专业之间的课程存在一定交叉，所以本研究中的数据除了涉及新闻学专业外，还包括传播学、广播电视学、网络与新媒体、广告学等专业，没有局限于只对新闻学专业进行分析。

第一节 大陆部分新闻院系的新闻教育现状

软科（上海软科教育信息咨询有限公司）专业从事权威高校数据研究和咨询服务，2015年开发了高校学科发展水平动态监控系统。该系统使用高端人才、科研项目、成果获奖、学术论文、人才培养等方面的30余项反映学科竞争力的关键指标，跟踪测量中国高校数千个学科点的实时表现和相对位置。根据教育部2018年《学位授予和人才培养学科目录》，软科推出了最新的"软科中国最好学科排名"，对我国新闻传播学科排名前20的新闻院系进行了大致的梳理。排名前20的院校按顺序排列分别为：中国人民大学、中国传媒大学、上海交通大学、暨南大学、复旦大学、清华大学、四川大学、武汉大学、中山大学、南京大学、北京大学、华中科技大学、浙江大学、南京师范大学、厦门大学、华东师范大学、西南政法大学、北京师范大学、新疆大学、深圳大学，如表2-1所示：

表2-1 2018年软科中国新闻传播学科最好学科排名

排名	学校名称	排名	学校名称
1	中国人民大学	11	北京大学
2	中国传媒大学	12	华中科技大学
3	上海交通大学	13	浙江大学
4	暨南大学	14	南京师范大学
5	复旦大学	15	厦门大学
6	清华大学	16	华东师范大学
7	四川大学	17	西南政法大学
8	武汉大学	18	北京师范大学
9	中山大学	19	新疆大学
10	南京大学	20	深圳大学

上述提及的新闻院系的地域分布不平衡，首先是集中在北上广深一线城市，总数超过排名前20新闻院系的1/2。其中北京有5个（中国人民大学新闻学院、中国传媒大学新闻学院、清华大学新闻与传播学院、北京大学新闻与传播学院、北京师范大学新闻传播学院），上海有3个（上海交通大学媒体与传播学院、复旦大学新闻学院、华东师范大学传播学院），广州有2个（暨南大学新闻与传播学院、中山大学传播与设计学院），深圳有1个（深圳大学传播学院）。

其次是东部较发达的城市——南京、杭州和厦门，学校数量共占1/5。其中南京有2个（南京大学新闻传播学院、南京师范大学新闻与传播学院），浙江有1个（浙江大学传媒与国际文化学院），厦门有1个（厦门大学新闻传播学院）。

最后中西部地区的新闻院系共5个，其中中部地区武汉有2个（武汉大学新闻与传播学院、华中科技大学新闻与信息传播学院），西部地区有3个（四川大学文学与新闻学院、西南政法大学新闻传播学院、新疆大学新闻与传播学院）。

根据我国东中西部的划分标准，笔者发现，中国新闻传播学科最好学科的地域差异较大，存在资源分配不均的显著情况，东部具有明显优势。

一、东部地区部分新闻院系的新闻教育

（一）北京地区部分新闻院系的新闻教育

1. 中国人民大学新闻学院的新闻教育

中国人民大学新闻学院原名为中国人民大学新闻系，成立于1955年，是我国新闻传播领域人才培养和科学研究的重要基地，在新中国成立后党和政府领导创办的第一家新闻教育机构。中国人民大学新闻学院自1997年起开设网络新闻传播课程，2000年在硕士层次设立网络传播方向。新媒体研究以"大传播、全媒体"理念开展教学与科研活动，使学科建设不断适应媒介技术的发展和传播形态的变化，培养能利用网络技术从事新闻工作的人才，使学生掌握利用网络采集、处理、管理信息的能力，打破原有的主要由技术人员组成的网络人才结构。①

该学院培养目标为，在新媒体环境下学生能熟练运用网络从事新闻工作。多年以来，科学的学科设置和良好的培养模式使得该学院的新闻专业在学界和业界都享有较高的知名度。

（1）新媒体教学课程

据中国人民大学新闻学院的官网资料显示，该学院现有新闻学、广播电视学、广告学、传播学四个本科专业，新闻学、传播学、传媒经济学和广播电视学四个硕士学位点，新闻学、传播学、传媒经济学、广播电视学四个博士学位点，并设有新闻传播学博士后流动站。

在课程设置方面，专业课主要包括专业必修课和专业选修课。与新媒体相关的课程如表2-2所示：

表2-2 中国人民大学新闻学院本科专业（新媒体）主要课程设置

专业方向	课程名称	
新闻学、传播学	网络信息整合	数字传播技术应用
	跨媒体传播实验	融媒体报道出镜主持
	数据新闻基础	融媒体视听表达
	数字营销	新媒体管理

当然，其课程体系和课程设置也在不断调整和变化，围绕新媒体时代的需求，不断探索。例如，2018年4月，中国人民大学新闻学院、中国人民大学新闻与社会发展研究中心、天津师范大学新闻传播学院联合主办了新闻传播学术话语体系创新深研会第一期，围绕新媒体探索中国新闻史课程教学改革的相关内容。

（2）新闻教学实践与活动

人大新闻学院与多方平台建立合作关系。2007年与美国思科公司、中央电视台合作，

---

① 匡文波，孙燕清. 美国新媒体专业教育模式分析及对中国的借鉴[J]. 现代传播，2010（8）：110-113.

建立了中国首个具有世界先进技术水准的"思科网真演播室"。在第十三届中国传媒年会上，封面传媒、百度和学院宣布共同成立"区块链媒体实验室"。以百度超级链技术为基础，让学生可探索区块链在内容平台版权保护等领域的应用。[1] 该实验室定期向社会发布研究报告，展示研究成果。同时，学生也可参与学院人工智能视觉传播研究中心活动、上海海鸥数码照相机集团以及日本尼康、佳能等公司一系列活动项目。2017年5月14日，学院带领学生参与了在国家会议中心举办的"一带一路"峰会全程VR报道，点击量达到1 100万人次。[2] 此外，人大新闻学院与部分地方政府、媒体单位联合建立了多家学生实践实习基地，为学生创造实习的机会。

在教学实践中，人大新闻学院关注业界对影像理论的反馈，如大数据的引入、新闻摄影对无纸化传播方式的尝试、超高清液晶展览等。通过上述方式对学生在技术和理论两个方向上的探索进行启发。

2. 中国传媒大学新闻学院的新闻教育

中国传媒大学新闻学院着力推行"政、产、学、研"相结合的教研发展理念，设有新闻学、传播学、网络与新媒体等专业，现有新闻学、传播学、传媒市场调查与分析、媒体创意、数据新闻五个方向。学院新闻学方向是国家级重点学科，培养的学生具备系统的新闻学知识与技能，拥有较广博的文化与科学知识。

（1）新媒体教学课程

学生们能在互联网等新闻媒介以及宣传部门、企事业单位从事新闻传播、经营管理及理论研究等方面工作。传播学方向的学生在校期间学习新媒体、传统新闻媒体、政府宣传部门以及其他企事业单位所需的传播学理论基础以及新媒体环境传播技能。网络与新媒体（媒体创意方向）课程旨在培养网络与新媒体领域所需要的专业的、职业化的媒体创意人才，学生将来可从事相关媒体的创意、研发、策划、信息采编及设计制作等工作。

经过学院的教学，学生将具备较强数据处理分析能力，熟练运用计算机和网络应用技能，适应大数据时代精确新闻的报道要求，成为广播、电视、报刊、新兴媒体、企事业单位从事数据新闻报道、数据挖掘、数据分析等信息处理工作的高级新闻传播复合型人才。

在课程设置上，新媒体方向包括了新媒体传播与策划案例教学、视听新媒体应用技术、数据新闻专业方向的课程。与新媒体有关的专业及课程如表2-3所示：

表2-3 中国传媒大学新闻学院本科专业（新媒体）主要课程设置

专业方向	课程名称
新闻学、传播学、网络与新媒体	网页抓取与数据处理技术
	可视化软件工具与应用
	舆情分析与社会计算
	新媒体理论与实践

（2）新闻教学实践与活动

中国传媒大学的新闻教育与实践结合较为紧密，该校的实践实验教学中心（中传电视

---

[1] 崔江. 封面传媒联合百度、中国人民大学新闻学院共同成立区块链媒体实验室［DB/OL］. （2018-11-16）［2019-04-25］. https：//baijiahao.baidu.com/s？id=1617291401243379896&wfr=spider&for=pc.

[2] 考新闻. 你必看的2018院校动态｜人大新闻学院（上）［DB/OL］. （2018-07-28）［2019-04-25］. https：//www.sohu.com/a/243926146_650786.

台）与各学院的教学密切配合，便于师生开展新闻教学实践，如"东盟十国驻华使馆新媒体工作坊"、全媒体新闻制播实践、大学生新媒体创意大赛等等，充分利用其教学设施和北京的媒体环境进行实战。

2013年8月，中国传媒大学、索尼中国专业系统集团高清转播车开入电视台，六位老师联合授课，使学生记者们能够亲身体验实践高清节目即时转播的录制拍摄。2018年中国传媒大学全媒体运行中心落成，为学校师生提供了与当前行业标杆企业相一致的全媒体新闻业务平台，全面支撑起中传各专业每日数千人次的教学实践，以及校园电视台面向校内外师生和社会观众所展开的全媒体内容发布等业务。

中传师生可以通过云平台中心网站进入"大数据分析服务平台"，在该平台上查看当前全网最热门的舆情话题，分析明日可能会成为头条的话题内容等。有权限的师生还可设置自己想要了解的专题，来进行定向爬取，也可以根据教学和实践的需求分析热门微博的转发走势和参与分析的用户画像，从而了解一个热点事件的发酵过程。①

中国传媒大学的新闻教学与实践都走在全国前列，为适应当代媒体行业格局，首创了数据新闻专业，较为注重培养融媒体领域人才。

3. 清华大学新闻与传播学院的新闻教育

清华大学新闻与传播学院于2002年4月21日正式成立，其前身是1985年在中文系设立的编辑学方向和1998年10月成立的传播系。该学院以新闻传播学理论与实践、新媒体传播、影视传播为重点，致力于培养信息时代全新的人才以全新的姿态、更高的起点来迎接新世纪的挑战。同时，出版著作30余种，承担多项国际国内重要科研项目，在新闻学、新媒体传播、影视传播、科技传播等领域，具有较大的社会影响和学术影响。

（1）新媒体教学与课程设置

围绕着国际传播、影视传播、新媒体传播、媒介经营与管理等主要方向，清华大学逐渐形成了精干的新闻与传播教学科研师资团队，增强了在学界、业界的影响力，其中和新媒体有关的课程如表2-4所示：

表2-4 清华大学新闻与传播学院新数字技术传播专业课程（新媒体）设置

专业方向	课程名称
国际传播、影视传播、 新媒体传播、媒介经营与管理	新数字技术传播概论
	新媒体技术演示
	新媒体下的大数据
	数字媒体传播实务

（2）新闻教学实践与活动

清华大学新闻与传播学院的科研平台主要包括四所研究室，分别是清华—路透联合新闻研究室、清华—奥美公共形象研究室、清华—拜尔公共健康与媒体研究室、清华—日本经济新闻社。

学生可通过印刷媒体实验室、视听编辑室Ⅰ、视听编辑室Ⅱ、数字媒体实验室、摄影室、洗印室、彭博数据终端室、媒介调查实验室和全球财经新闻实验室参与学习。此外，

---

① 中国传媒大学白杨网［EB/OL］．（2018-11-16）［2019-04-25］. http：//www.cuc.edu.cn/.

该学院与北京中科大洋科技发展股份有限公司共建未来媒体实验室实践系统。传播学、新闻采编、新媒体运营、媒介管理等学科领域的学生们能在此开放性学习交流的平台上进行科研创新。①

在中共中央宣传部和教育部部署下，该院与《人民日报》《北京日报》等媒体共建学院，在新闻宣传、人才培养、学科建设等领域展开合作。②

学院实验教学中心的理念是提供现代化传媒环境，培养全媒体式的新闻传播人才，通过参加实践教学，使得学生增强现代化传媒的采、写、编、评、播、摄等动手操作能力，为其实习和走上工作岗位后尽快独立展开工作提供了重要保证。为加强实践教学，自2010年7月始，中心以工作坊的形式开展了理论与实践相结合的新尝试：包括学术研究工作坊、媒介批评工作坊、清影工作坊、新媒体工作坊、清新时报工作坊、新媒体创业工作坊等；通过工作坊模式进一步推进技术与艺术、技术与新闻理论和传播理论的融合。③ 实验中心及时跟踪和学习最新的相关实验技术，定期组织专题研讨和参观交流，在教学理念和手段、条件方面都比较先进。

该学院发挥清华大学多学科交叉的优势和在IT科技方面的领先技术，在深入理解信息网络时代新闻传播业的发展趋势和特点的基础上，前瞻性地建设和设计有关实验教学的具体内容，保持开放心态，在实验教学的内容和方式上，走在同行前列。

4. 北京大学新闻与传播学院的新闻教育

2001年5月28日，北京大学恢复成立新闻与传播学院，依托日益增强的新闻学和传播学学科基础，形成了新闻学、传播学、广告学、编辑出版学、网络传播、广播影视、跨文化交流、公共关系、媒体经营管理等一系列的学科群。

该学院本科阶段设有新闻学、广告学、编辑出版学和广播电视新闻四个专业。研究生阶段设置了新闻学和传播学两个硕士点，以及一个传播学博士点，专业研究方向涵盖国际新闻、新闻传播实务、新闻传播史论、国际传播与跨文化交流、大众传播、新媒体与网络传播、广告理论与实务、媒体经营管理、编辑出版学等诸多领域。

（1）新媒体教学课程

表2-5 北京大学新闻与传播学院的专业方向和人才培养目标（新媒体与网络传播专业）

专业方向	课程名称
新媒体与网络传播	计算机
	网络传播概论
	多媒体制作
	网络分析与策划
	网络媒体经营管理
	网络报道策划与实施
	数字电视

北京大学新闻与传播学院本科专业和新媒体相关的主要课程设置如表2-6所示：

---

① 大洋. 清华大学新闻传播学院实验教学中心未来媒体实验室实践系统正式上线［DB/OL］.（2018-09-30）［2018-12-10］. http：//www.dayang.com.cn/folder78/folder79/folder86/2018-09-30/4337.html.
② 中国教育网络电视台. 清华大学新闻与传播学院［EB/OL］.（2017-5-26）［2018-12-10］. http：//www.centv.cn/p/1251.html.
③ 清华大学新闻与传播学院. 学院概况［EB/OL］.（2018-4-16）［2018-12-10］. http：//www.tsinghua.edu.cn/publish/jc/7196/index.html.

表 2-6　北京大学新闻与传播学院本科专业（新媒体）主要课程设置

专业方向	课程名称
新媒体与网络传播	网络采编实务
	数据分析技术
	新媒体与网络传播

（2）新闻教学实践与活动

北京大学新闻与传播学院的科研机构主要有北京大学现代广告研究所、北京大学新媒体营销传播研究中心等。和新媒体教学紧密相关的北京大学新媒体营销传播研究中心成立于 2007 年 12 月，学院学生围绕着新媒体环境下的营销传播问题，通过对行业整体情况的梳理、分析和提炼，形成新媒体环境下营销传播模式的系统理论框架，对新媒体营销传播进行了更深入的探讨。学生同时参加学界的各种交流活动，将相关的最新研究成果向社会传播，让社会对新媒体营销传播有了更加准确和深入的认识。

学院学生可以通过非线编辑实验室、影视前期实验室、平面设计实验室终端、影视前期拍摄所需的专业设备和内景场地等硬件优质设备进行非线性编辑等新媒体实践操作，提高自身新媒体实践能力。[1]

2014 年，北京大学与新华社签署共建新闻与传播学院协议。在"新闻革新·连接未来"2015 新浪新媒体峰会上，北京大学、清华大学、复旦大学、中国人民大学、中国传媒大学共同成为新浪网新媒体实验室成员单位。[2]

北京大学新闻与传播学院整合全校资源，逐步形成具有北大特色、适应时代发展的新闻与传播学研究和教学模式。其新媒体教学的成绩也位居全国前列。

5. 北京师范大学新闻传播学院的新闻教育

北京师范大学新闻传播学院是全国唯一一所同时拥有院士和"长江学者"的新闻院系。2014 年 11 月 27 日，北京师范大学新闻传播学院与光明日报社签署共建新闻传播学院协议，北京师范大学新闻传播学院正式揭牌成立。学院致力于培养具有前瞻视野、宽厚学养和复合能力的全媒体高端创新人才。目前，学院开设传播学、新闻学、出版学等专业，建立了从本科到博士的多层次新闻传播人才培养体系。学院为突出学科交叉的特色，确立了在未来媒体、传播效果测量、认知神经传播学、社交媒体分析、大数据舆情、用户体验、数字出版、复杂网络等诸多前沿交叉领域的领先优势。

（1）新媒体教学课程

学院目前设有传播学、新闻学、出版学，并正在积极发展马克思主义新闻学、新媒体传播、传播效果分析、媒介素养教育、数字出版、文化传播等特色学术方向。[3] 学校将专业教育课程分为四个部分：学科基础课程、专业选修课程、自由选修/教师职业素养课程、实践与创新创业课程。其中与新媒体相关的课程有新媒体传播、数字出版、社交媒体与移动互联网、数据新闻与网络数据挖掘、数字媒体技术应用等。

---

[1] 北京大学新闻传播学院［EB/OL］．（2018-12-10）［2019-05-04］．http：//sjc.pku.edu.cn/index.aspx.

[2] 中青新闻网．新闻传播学院成为新浪新媒体实验室成员单位［DB/OL］．（2015-11-17）［2019-05-04］．http：//news.cyu.edu.cn/xyyw/zh/201511/t20151117_72844.html.

[3] 中青新闻网．新闻传播学院成为新浪新媒体实验室成员单位［DB/OL］．（2015-11-17）［2019-05-04］．http：//news.cyu.edu.cn/xyyw/zh/201511/t20151117_72844.html.

(2)新闻教学实践与活动

学院坚持教学与实践并重。在新闻教学实践方面，为提升学生的社会实践水平、培养其专业技能，学院以《光明日报》作为实习基地，利用校内媒体实习平台，并积极发挥学界、业界资源与人脉优势，建立一系列校外实习基地，形成"1+N"的新闻传播实习基地新格局。学院还与多家报社、电视台等媒体机构保持密切合作，如人民日报社、新华社、光明日报社、中央电视台、中国出版集团公司、凤凰卫视、乐视网、暴风影音公司等，另外还建立了近20家学院与校外企业合作的实践基地。① 同时，学院还成立了媒体融合与数字出版研究中心、知识分子研究中心、出版科学与文化研究中心、新媒体素养演技研究中心，为学生将理论知识运用于实践提供了良好平台。

北京师范大学新闻传播学院将学生的理论教学和实践锻炼并重，积极开展与业界合作，为学子提供了多个实习平台；同时，注重学科交叉特色，确立了在前沿交叉领域的优势。

(二)长三角地区部分新闻院系的新闻教育

1. 上海交通大学媒体与传播学院的新闻教育

上海交通大学媒体与传播学院依托学校先进的数字技术平台和成熟的高清晰数字影视系统等系列产品制造链，以数字新媒体为突破口，构建新型的媒体与设计学科新格局，将学校数字影视技术、计算机软件领域中的优势延伸到文化传播。

(1)上海交通大学媒体与传播学院专业与课程设置

表2-7 上海交通大学媒体与传播学院本科专业新媒体相关主要课程设置

专业方向	课程名称
传播学	大众传播与社会问题
	图形创意设计
	新闻媒介与社会
	设计创新的艺术

(2)新闻教学实践与活动

该学院拥有国家互联网信息办公室互联网舆情基地——上海交大舆情研究实验室和上海市哲学社会科学创新基地（新媒体与社会研究中心）等新媒体运营基地，学生能够参与实践学习，充分领悟新媒体的运营规律。

学院充分利用各研究中心、研究所、研究院等机构，以大数据技术、信息可视化、新媒体研究方法等实践教学模式，将学生培养为既懂技术的应用又懂写作和设计的专门人才。学院目前拥有国家领先的500平方米高清演播厅、摄影实验室等，拥有中共中央组织部舆论研究院、中共中央宣传部舆情直报点、上海交大舆情研究实验室、上海市文化创意产业发展战略研究基地、新媒体与社会治理基地、出版传媒研究院等20个研究机构，众多的研究室可供学生参与学习，了解新媒体前沿资讯，学习媒体技术。

另外，学院有三个国家级重点研究基地——上海交通大学国家文化产业创新与发展研究基地（文化部）、两岸文化产业研究中心（文化部）、都市文化与传播研究中心（教育部），和一个大学生实践教育基地——上海交通大学大学生全媒体中心。

---

① 考新闻. 2019北师大新闻与传播专硕考研超有价值专业分析［DB/OL］.（2018-09-01）［2019-05-01］. http://www.sohu.com/a/251343884_100157016.

学院连续多年和国际传播协会（ICA）联合主办新媒体国际论坛，共同探讨新媒体发展，也为学生开拓国际视野提供平台。学院还与《上海证券报》、中国证券网、中科软科技股份有限公司四方联合建立云河新媒体实验室，与IT企业的软件技术力量和媒体公司的生产经营相结合，实现技术创新、产品研发和人才培养的一站式服务。[①]

2015年7月，该学院学生组成的"翼计划"暑期就业实践团赴广州网易游戏走访学习，参与实践。[②]

该学院的最大特色是注重理论与技术的结合。该学院的学生讲求"文理相互渗透，学术、技术与艺术融合，数字化、国际化、产学研一体化"。

2. 复旦大学新闻学院的新闻教育

复旦大学新闻学院创办于1929年9月，其前身为复旦大学新闻系。现如今复旦大学新闻学院设有新闻学系、广播电视学系、广告学系、传播学系，并开设新闻学、传播学、广播电视学、媒介经营管理四个博士点，以及新闻学、传播学、广播电视学、广告学、媒介管理学、新闻与传播六个硕士点（包括"新闻与传播"专业学位），建立了本科、硕士、博士、博士后等多层次的新闻传播人才教育体系。学院聘请了一批学识精湛、经验丰富的知名专家、学者为兼职教授和兼职研究员，并聘请外籍专家担任顾问教授。部分专业的研究生教育采用学界与业界合璧的"双导师制"。

（1）新媒体教学课程

复旦大学新闻学院的专业设置主要包括新闻学专业、广播电视学专业、广告学专业以及传播学专业。各专业方向与新媒体相关的具体课程如表2-8所示：

表2-8 复旦大学新闻学院本科专业（新媒体）主要课程设置

专业方向	课程名称	
新闻学	网络传播基础	多媒体制作
	媒介经营管理	融合报道
广播电视学	媒介融合概论	融合报道
	新媒体与市场营销	多媒体制作
广告学	多媒体制作	
传播学	新媒体传播与发展	融合报道
	网络媒体内容制作	

值得一提的是该学院"全媒体内容生产"的教学概念，能让学生有效克服媒体矩阵的片面化认知。该学院开发的课程相对完备，包括应用编程、可视化新闻、用户行为分析、数据挖掘等都是高级新媒体运营的重点技能。

（2）新闻教学实践与活动

复旦新闻学院与国内外多家学术研究机构合作并成立多个研究中心，其中包括复旦大学视觉文化研究中心、复旦大学国际公共关系研究中心、新媒体研究中心媒介素质研究中心、复旦—金史密斯记录影像。

实验中心目前已创建有广播电视实验室、数字媒体实验室、广告及摄影实验室、传媒

---

① 上海交通大学. 本科信息网[DB/OL]. (2018-12-10) [2019-05-04]. http://jwc.sjtu.edu.cn/web/sjtu/198005-1980000006196.htm.

② 上海交通大学. 媒体与传播学院[EB/OL]. (2018-12-10) [2019-05-02]. http://smd.sjtu.edu.cn/train/social.

与舆情调查研究中心等四个教学实验室。学生在实验室能享受到教学理念与实践相结合的教学模式，通过这一整套行之有效的管理手段，促进了自己知识、能力、素质协调发展。①

2018年12月，复旦大学新闻学院、内江师范学院和中共内江市委宣传部三者签署战略合作协议。三方将探索共建"复旦大学新闻学院西南培训基地"，在资源共享、平台共用、人才共育等方面进行深入交流合作。② 学生的实践机会再一次增加。

复旦大学新闻学院是一个较为注重新媒体实践的学院，该学院在新闻与传播理论、视觉文化与传播、传播学实证调查等研究领域居于国内领先水平，并与多个学院建立合作关系，力求做到资源共享、共同发展。

3. 南京大学新闻传播学院的新闻教育

南京大学新闻传播学院的前身，是金陵大学所创立的"电影与播音专修科"，它不仅是中国最早的电影广播教育单位，而且也是中国影音传播高等教育的起源。该学院创办者孙明经先生是杰出的新闻传播教育家、中国电影教育的奠基人、中国电视事业的先驱、联合国教科文组织首批委员。南京大学新闻传播学院现有"新闻传播学"一级学科博士学位授予点和一级学科硕士学位授予点。该学院下设新闻与新媒体系、应用传播系、广播电影电视系。

（1）新媒体教学课程

在课程设置方面，南京大学新闻学院的专业设置主要包括三个专业方向：新闻与新媒体专业、应用传播专业以及广播电视新闻学专业。南京大学下属的二级学院南京金陵学院设有网络与新媒体专业，以培养适合数字媒体环境及传播技术发展背景下的新媒体影像制作和创意人才。

在课程设置方面，南京大学新闻学院本科生课程设置专业必修、专业选修、专业核心课程。其中与新媒体相关的课程截选如表2-9所示：

表2-9 南京大学新闻传播学院本科专业（新媒体）主要课程设置③

专业方向	课程名称
网络新媒体	新媒体传播
	新媒体应用入门
	融合媒体报道
	新媒体广告
	新媒体传播与应用
	整合营销传播

（2）新闻教学实践与活动

南京大学新闻学院的学生注重理论与实践结合，依托学院开展的多个实验项目进行锻炼。目前，学院的融合实验室在"政府影响力"和"传媒影响力"两个方向开展科学研究。学生们可通过实验室参与的各项研究包括有主流媒体影响力暨《南京日报》影响力建设实证研究（与《南京日报》合作）、改革与完善面向三农的传播服务研究（与扬州市江

---

① 复旦大学. 新闻大学官网［EB/OL］. (2018-12-10)［2019-05-01］. http://www.xinwendaxue.cn/index.php?m=content&c=index&a=lists&catid=1.
② 封面新闻. 院部共建"复旦大学新闻学院西南培训基地"落地范长江故里［EB/OL］. (2018-12-21)［2019-05-01］. https://baijiahao.baidu.com/s?id=1620444971521465223&wfr=spider&for=pc.
③ 南京大学新闻与传播学院. 南京大学新闻传播学院本科人才培养方案［EB/OL］. (2018-12-10)［2019-05-04］. http://jc.nju.edu.cn/9d/fb/c8616a237051/page.htm.

都区政府合作）、政府形象力传播（与扬州市政府合作）、文明城市营销传播策划推广（与南京市委宣传部合作）、扬州江都区新区形象塑造与文化传播（与江都区委宣传部合作）等项目。①

除实验室外，学生们还拥有多个实践平台，如南大新传、新记者、南大家书、新潮、大学新闻、南大网台NTV、南大创意传播、大学英雄、NJU核真录。② 除校内提供的平台之外，学生每年还能参加"优秀大学生暑期夏令营"活动。

新媒体教育方面，学生们可参与"媒介技术工坊"培训、新媒体内容生产讲座、媒体创新创业进课堂活动等。南京大学新闻传播学院注重新媒体教学理论与实践的结合。学校坚持跨学科研究和理论创新，并开展新媒体融合实验教学，以培养学生的综合能力。

4. 浙江大学传媒与国际文化学院的新闻教育

浙江大学传媒与国际文化学院成立于2006年，其新闻学科于1958年创办，是国内最早开设新闻教育的单位之一。传媒与国际文化学院遵循"创新驱动、以人为本、交叉取胜、主流引领"的教学思路，致力于要打造成为全国乃至世界传媒创新创业的人才摇篮、科技引擎和智库基地。近年来，学院在海内外的声誉和影响不断提升。在2017年QS世界大学学科排名中，浙江大学传播与媒体研究专业排名全球前150名，在中国大陆名列第四，在学术成果和学者影响力等硬指标方面更是位居国内榜首。③

（1）新媒体教学课程

该学院设置了四个本科专业，分别是新闻传播学系、国际文化学系、影视艺术与新媒体学系，并计划创办策略传播学系。学院拥有新闻与传播学一级学科博士后科研流动站、新闻传播学一级学科博士学位授予权，美学二级学科博士学位授予权；另外，学院现有五个硕士点和三个博士点。

学院在新媒体教学和课程设置方面有数字媒体实务、媒介经营管理等课程。

（2）新闻教学实践与活动

在实践方面，学生们可以使用学院的多个研究中心，包括两个省级重点研究基地，分别是浙江省地方政府与社会治理研究中心和浙江省传播与文化研究中心。学院还建有传播研究所、美学与艺术批评研究所、新闻传媒与社会发展研究所、广播影视研究所四个研究所。

在新媒体实践方面，该学院为培养学生新媒体的内容制作和运营能力，不仅开设了有关新媒体内容创作、美学、营销、运营等多方面的选修课，而且还开设了全媒体实践平台培训会，搭建了多项全媒体实践平台，如与杭州二更网络科技有限公司进行战略性合作。学生可以到新媒体平台进行实践活动，开发创意灵感。该学院还准备建设传媒影视科技实验室以及学生海外影视培训项目等，促进其新闻教育的发展。④

---

① 南京大学新闻与传播学院［EB/OL］.（2018-12-10）［2019-05-04］. https：//baike. baidu. com/item/南京大学新闻传播学院/4855255？fr=aladdin.
② 南京大学新闻与传播学院. 实践平台［EB/OL］.（2018-12-10）［2019-05-04］. https：//jc. nju. edu. cn/.
③ 浙江大学传媒与国际文化学院. 学院概况［EB/OL］.（2018-12-10）［2019-05-04］. http：//www. cmic. zju. edu. cn/11.
④ 浙江大学传媒与国际文化学院. 视"不可挡，内容为王——浙江大学传媒与国际文化学院与杭州二更网络科技公司达成多项战略合作［DB/OL］.（2018-04-25）［2019-05-04］. http：//www. cmic. zju. edu. cn/15？object_id=20915.

浙江大学传媒与国际文化学院注重媒体实践教学，创办多个媒体研究所。学院重视海外交流，开展海外培训项目，为拓展学生的视野提供了机会。

5. 南京师范大学新闻与传播学院的新闻教育

南京师范大学新闻传播教育起步于1964年，迄今已经50余年。1977年全国恢复高考后，南京师范学院接受省委宣传部直接领导，新华日报社和学校联办共管，理论课程由学校承担，班主任、实践课程均由新华日报社负责委派。1984年起，在省委宣传部的直接干预下，新闻学专业恢复连续招生。1990年5月，江苏省委宣传部在南京师范大学设立江苏省新闻人才培训中心。1995年4月，南京师范大学在新闻学专业和电教系基础上正式成立新闻与传播学院。

（1）新媒体教学课程

学院专业设置齐全，学科层次完整。学院下设新闻系、广播电视系、广告系、网络与新媒体系、影视摄影系等五个系，面向省内外招收新闻学、广播电视学、广告学、网络与新媒体、广播电视编导等专业的本科生，其中新闻学专业为国家首批特色专业和江苏省特色专业，新闻传播学专业类为江苏省"十二五"重点专业。

学院拥有新闻学博士点一个，新闻传播学一级学科硕士点一个，新闻学、传播学、广播电视艺术学三个二级学科硕士点和新闻与传播硕士、广播电视（艺术硕士）二个专业学位点。自2001年以来，新闻学科连续获得"十五""十一五""十二五"江苏省重点学科；2016年，新闻传播学科被遴选为"十三五"江苏省唯一的新闻传播学一级学科重点学科。在课程设置方面有媒体融合概论、三维动画和影视特效、网络传播学、网络传播技术、大数据实践：工具与方法等课程与新媒体相关。①

（2）实践教学与活动

2018年南京师范大学新闻与传播学院同中国传媒大学出版社签署战略合作协议，着力提高两校学术和教材出版的品质，加强合作。同时也与江苏企鹅新媒体学院建立合作，力求让学子习得更多的新媒体技术与知识。

南京师范大学作为师范类院校，在新闻与传播方面投入了新兴活力，专业涉及类别多，覆盖领域广，且相继成立硕士和博士点，也是该学院的优异成果。

6. 华东师范大学传播学院的新闻教育

华东师范大学传播学院的历史可追溯到其前身大夏大学（1924年）和光华大学（1925年）兴办的报学专业教育。大夏大学和光华大学创立伊始，就在文学和商学专业中开设新闻学、广告学课程。1925年，大夏大学、光华大学报学专业的学生与国民大学联合发起创办了上海最早的新闻学术团体——上海报学社。大夏大学1928年创办了我国最早的广告学系，民国著名广告学者和企业家陆梅僧主持其事，这是中国现代广告专业高等教育发展史上具有开创性的事业。大夏大学、光华大学的新闻传播教育英才辈出，戈公振、汪英宾、谢六逸、陆梅僧等著名新闻传播学者先后在此执教和任职，培养出邓拓、储安平、张稚琴等著名新闻记者和学者。在1992年，华东师范大学在师范类大学中率先创办广播电视编导专业，于2004年成立传播学院。

（1）新媒体教学课程

学院现拥有五个本科专业，分别是播音与主持艺术专业、新闻学专业、广告学专业、

---

① 南京师范大学. 学院概况［EB/OL］.（2018-12-10）［2019-05-04］. http：//xinchuan.njnu.edu.cn/doc-1-5.aspx.

广播电视编导专业以及编辑出版学专业，在课程设置方面主要包括专业基础课程、专业课程以及主要选修课程，与新媒体相关的专业课程设置如表2-10所示：

表2-10　华东师范大学新闻与传播学院本科专业主要课程设置

专业方向	课程设置		
播音与主持艺术专业	基础课程	传播学	中国文化通论
	专业课程	网络传播概论	
新闻学专业	主要专业课	现代传播技术	数字传播研究
		新媒体素养	新媒体与社会
编辑出版学专业	主要选修课程	网络广告传播学	新媒体实务
		网络与电子出版	数字出版技术
	出版法规概论	网站运作与编辑	

（2）新闻教学实践与活动

在实验实习条件上，传播学院为学生和教师提供了全媒体平台、数据中心、计算机房、苹果机房、摄影室、非线性编辑机房、编辑出版实验室、多功能演播厅、表演训练室、视听教室、录配音间、录播室等在内的总面积达3 000平方米的各类实验室，可以满足多方面的实践需求。除此之外，为了培养学生的专业实践能力，学院目前已经与上海文广集团东方电影频道、上海文广集团东方卫视、上海文广新闻传媒集团、上海闵行区文化广播电视管理局等多个单位签订建设学生实习基地的协议。另外上海电视台、东方电视台等多家单位虽未签订协议，但学生可主动申请参与节目制作，获得实践与锻炼的机会。这些优越的实践操作条件进一步提升了学生的社会实践能力，使他们成为具有专业理论素养和策划操作能力的复合型人才。

华东师范大学新闻学院注重学习网络新媒体的教学实践，在课程设置上就有多个网络课程，其中电子出版较为突出和特别。

（三）东南沿海地区部分新闻院系的新闻教育

1. 暨南大学新闻与传播学院的新闻教育

暨南大学新闻与传播学院是我国新闻院系中开办最早的系科之一，于1946年在上海成立，2001年3月组建新闻与传播学院。学院分别于1985年获得新闻学硕士学位授予权，2000年获传播学硕士学位授予权，2006年获新闻学博士学位授予权。在学科建设方面，暨南大学新闻与传播学院拥有国务院侨办重点学科、广东省重点学科、广东省一级学科重点学科。

（1）新媒体教学课程

该学院有六个本科专业，拥有新闻传播学一级学科博士学位授予权，建有新闻传播学博士后流动站。该学院与新媒体相关专业及课程设置如表2-11所示：

表2-11　暨南大学新闻与传播学院本科专业主要课程设置

专业方向	课程名称
网络与新媒体专业	网络传播概论、新媒体概论、信息社会学、网络社会心理学、网络传播技术与应用、信息产业与媒介融合、信息可视化、电子商务、程序设计基础及入门、数据挖掘与分析、融合新闻学、数据新闻实务、数字产品研发与设计、数字营销传播、公共传播理论、社会网络分析

（2）新闻教学实践与活动

在本科教学实践方面，学院建有暨南大学—南方报业传媒集团国家级大学生校外实践教育基地、暨南大学—广东省广告股份有限公司省级大学生校外实践教育基地、暨南大学—广东广播电视台省级大学生校外实践教育基地，为学生参与基地实践学习、提升其专业操作能力提供了良好的平台。在研究生教学实践方面，学院建有华南新闻传媒联合培养研究生示范基地，并于2008年开展的公益性"传媒领袖讲习班"（暑期学校）成为研究生教育品牌。与此同时，学院是全国首批"部校共建"单位，在延安、井冈山设立了两个马克思主义新闻人才培训基地。

暨南大学拥有的实践平台如表2-12所示：

表2-12 暨南大学新闻与传播学院实践平台一览

平台类型	实践形式	适用对象	培养目标
平台Ⅰ 实验课—实验—实践类	开放实验课 工作坊 媒体沙龙 各类全国性竞赛	本科各年级 研究生各年级	开拓创新能力 表达沟通能力 团队精神培养
平台Ⅱ 专业课—媒体—实践类	准记者训练营 广播电视特训营 广告兵法训练营 移动新媒体专训营 新闻传播暑期夏令营 传媒领袖讲习班	本科二年级 本科二年级 本科二年级 本科二年级 本科四年级、研究生 本科四年级、研究生	专业能力培养 科学研究能力 综合素质培养
平台Ⅲ 基础课—社会—实践类	喀什林芝深度采访行 海疆万里行（2013） 揭梦三沙（2013） 寻梦廊桥（2013） 基层深呼吸（2013） 广东援建新考验（2013） 边贸万里行（2013） 追梦伦敦（2013）	本科、研究生各年级	社会调查能力 专业能力 团队精神培养

学生可自愿参加"融合新闻工作坊""数字产品工作坊""公共传播工作坊"等平台，以真实项目为依托，由校内外老师一起指导，完成专项实践教学。同时与媒体实践环节进行对接，作品完成后将在相关的数字平台进行展示。[①]

暨南大学新闻与传播学院注重学生理论与实践的结合。值得一提的是，其数据与新媒体专业是紧密围绕新媒体发展而设置的专业。该专业招收理科生，专注于培养跨学科复合型人才，注重在理论学习的基础上进行专业技能的学习。

2. 中山大学传播与设计学院的新闻教育

中山大学传播与设计学院成立于2003年5月，是广东省卓越新闻传播人才培养基地。

---

① 暨南大学.暨南大学新闻与传播学院［EB/OL］.（2018-12-10）［2019-05-04］.https://xwxy.jnu.edu.cn/html/xyjj/xygk/.

在办学方面，学院以"人文新媒体、融创传播学"为学科定位，形成了"以通识教育为基础，以创意教育为中心，以实践教学为重点"的办学特色。在人才培养方面，学院致力于培养既具有科学及人文素养又具有应用能力的复合型人才。

学院注重教学创新，拥有融合采编实验室、纪实摄影实验室、大数据传播实验室、交互媒体设计中心等实验室集群，学生们能将自己在新媒体方面的知识最大化运用。学院还与谷河传媒、谷河南岸青年空间、公共传播工作室等实践平台合作，打造了省级实验示范教学中心，学生们能得到先进的实践机会。

（1）新媒体教学课程

在该"厚基础、宽口径"的人才培养模式下，学生们可选择的专业有：新闻学专业、传播学专业、公共关系学专业、媒体创意专业。同时，学院拥有新闻传播学一级学科硕士学位授予点（下设新闻学、传播学学术型硕士专业和新闻与传播专业硕士）、设计艺术学硕士学位授予点以及政治传播交叉学科硕士点和博士点。

目前，中山大学传播与设计学院本科阶段设立了新闻学专业、传播学专业、公共关系学专业以及媒体创意专业，各专业开设的与新媒体相关的课程包括数字媒体技术、网络传播、新媒体视觉呈现、新媒体研究、网络传播等。

（2）新闻教学实践与活动

该学院学生在校参加学术活动时可以运用的专业实验室多种多样，包括中山大学—HP动漫实验室、中山大学—HP非线性编辑网络实验室、中山大学—APPLE联合实验室/苹果体验中心、演播实验室、流媒体实验室、交互设计实验室、音频制作室、媒体编辑室、影视艺术实验室、电视制作室、数字媒体实验室、平面设计室、视觉设计工作室、中山大学—FOXDA音视频实验室网络实验室、交互产品与内容服务可用性测试实验室等。①

除此之外，学生还能享受到学院创建的实习基地。包括财经新传媒、南方报业传媒集团在内的18家单位都与该学院共建了实习、实践教学基地，在日常教学过程中实现学界教育和业界需求的无缝对接。具体如表2-13所示：

表2-13 中山大学传播与设计学院教学基地和共建单位一览

实践教学基地和共建单位	教学和培养方式
中大—封面传媒实践教学基地	全媒体采写实践滚动发稿和传播
中大—南方台产学研基地	记者开设实训课程，直接参与节目
中大—全媒体传播实践基地	利用微博、微信、杂志、网站等报道
财经传媒	合作共建"高级新闻财经报道"课程
凯迪网	舆情分析和传播策略实践

---

① 中山大学传播与设计学院［EB/OL］．（2018-12-10）［2019-05-03］．https：//baike.baidu.com/item/中山大学传播与设计学院/5015594? fr＝aladdin．

续表

实践教学基地和共建单位	教学和培养方式
南方报业传媒集团 广州日报报业集团 羊城晚报报业集团 佛山传媒集团 《21世纪经济报道》 《羊城晚报》等	学生根据兴趣灵活选择不同传媒集团的不同业务部门，进行全媒体采编实习实践，并邀约一线优秀财经记者前来授课

该学院秉承自身特色，敢于创新，将传媒与艺术融合，培养了新闻学学子的艺术细胞。学院尤其重视学生的实践能力，在校内创建了多个媒体实验室，并与媒体单位合作建立了多个实习基地，为学生实践提供了多个选择平台。

3. 厦门大学新闻传播学院的新闻教育

厦门大学新闻教育历史悠久，1922年开始了早期的新闻教育，开启了中国人办新闻教育的先河。厦门大学于1983年成立新闻传播系，率先在中国大陆高校学院中以"传播"冠名，体现了其新闻传播人敢为人先的开拓精神。新闻传播学院于2007年成立，力图打造面向海洋、亚洲一流的现代化新闻传播学院。

(1) 新媒体教学课程

学院现有新闻学系、广告学系、广播电视学系、传播学系四个系。以下是具体的新媒体相关专业截选设置及课程，如表2-14所示：

表2-14 厦门大学新闻与传播学院本科（新媒体）相关课程设置

专业方向	课程名称
新闻学	新媒体传播研究
	新媒体概论
	新媒体艺术概论

(2) 新闻教学实践与活动

厦门大学设有新闻传播实验中心，有独立的录音棚、导播室和编辑室，模拟电视台教学网络系统、多媒体教室、平面广告制作实验室等，本书稿成稿前，该院广告调查实验室也正在筹建中。学生通过校内平台的实践，提高自身职业素养，增强新媒体技术和实操能力，适应社会媒介变化，以便未来能更好地服务社会。同时，厦门大学注重培养多样化人才，采用人性化的教学管理，让新闻传播学院学生更加注重理论学习与实践的结合，成为新闻传播全方位人才。学校分别与吉林大学、中国政法大学、山东大学、中国海洋大学、大连理工大学[1]等签订了交换学生协议，力求让更多学生感受多样化的教学和实践。

2018年10—11月，由厦门大学和人民网联合举办的2018新闻传播学院院长论坛在厦门大学举办。开幕式上还举行了新闻传播学院马克思主义新闻学优秀论文与优秀项目、人民网奖学金颁奖仪式和人民网奖学金项目新增院校启动仪式。[2]

厦门大学新闻学院拥有雄厚的历史底蕴，在新闻教学与实践方面更是加大投入力度，

---

[1] 厦门大学新闻传播学院. 人才培养［EB/OL］.（2018-12-10）［2019-05-04］. https://comm.xmu.edu.cn/13214/list.htm.

[2] 杨珊珊. 2018新闻传播学院院长论坛举办［EB/OL］.（2018-11-11）［2019-05-03］. http://www.fujian.gov.cn/xw/zfgzdt/szfldhd/201811/t20181111_4602582.htm.

更加关注现代新媒体技术与新闻的结合发展，也是国内新闻学院排名靠前的学院。

4. 深圳大学传播学院的新闻教育

深圳大学传播学院的前身是成立于1985年的深圳大学大众传播系，首任系主任为熊源伟教授。在此后的机构调整中，曾经设置为中国文化与传播系、文学院传播系等。2006年，深圳大学传播学院成立。传播学院目前开设新闻学、网络与新媒体、播音与主持、广告学四个本科专业，其中广告学专业创建于1989年，是我国高校中开办广告学专业最早的三所专业院校之一，且是广东省特色专业。

（1）新媒体教学课程

传播学院现设有新闻学、广播电视、网络新媒体、广告策划、广告设计等专业方向。2010年获评新闻传播学一级学科硕士学位授权点。借助深圳独特的地理优势，该学院近年来网络与新媒体专业发展迅猛。其与新媒体相关的课程如表2-15所示：

表2-15 深圳大学传播学院本科专业（新媒体）相关主要课程设置

专业方向	课程简介
新闻学、网络新媒体	新媒体概论
	新媒体设计基础
	HTML+CSS网页设计
	新媒体用户研究
	数据抓取与清洗
	数据可视化
	网络哲学
	网络营销

（2）新闻教学实践与活动

深圳大学以其独特的地理优势，为传播学院学生实习就业提供了良好的机会。学院在校生或毕业生可参与海内外主流媒体、网络新媒体、政府部门和许多企事业单位实习或就业，如中国新闻社、凤凰卫视、南方传媒、香港《明报周刊》、深圳广电集团、报业集团、腾讯、百度、阿里巴巴、华润、万科等企业事业单位。学院许多毕业生现已是南方传媒和创意产业的中坚力量。[①] 近些年该学院毕业生的毕业设计与腾讯研究院、摩拜单车、深圳慢性病防治研究所、欢乐谷、潜爱大鹏等企业事业单位对接，成就了许多优秀毕业设计，也为学生提供了实践与就业的选择平台。

深圳大学传播学院发展迅猛。其注重新媒体的教学，也对互联网运用较为到位。学院懂创新和设计，在新闻教学中注重技术与数据。

二、中西部地区部分新闻院系的新闻教育

（一）中部地区部分新闻院系的新闻教育

1. 武汉大学新闻与传播学院的新闻教育

武汉大学新闻与传播教育始于1983年的新闻系，2000年12月新闻与传播学院成立。

---

① 深圳大学传媒学院. 学院概况［EB/OL］.（2018-12-10）[2019-05-04]. http：//cmc.szu.edu.cn/Home/Default/NewsContent7582.html? ClassID=15&ClassName=%E5%AD%A6%E9%99%A2%E6%A6%82%E5%86%B5&ParentPath=0%2C2%2C.

武汉大学新闻与传播学院由原武汉大学新闻传播学科和原武汉测绘科技大学印刷工程学科联合组建而成。

该学院目前拥有一个新闻传播学博士后科研流动站、一个省级一级学科重点学科——新闻传播学。拥有一个教育部人文社会科学重点研究基地——武汉大学媒体发展研究中心、一个国家级实验教学示范中心——武汉大学新闻传播学实验教学中心，及一个教育部、财政部支持的人才培养模式创新实验区——多媒体时代记者型主持人培养模式创新实验区。

（1）武汉大学新闻与传播学院新媒体专业与课程设置

武汉大学新闻与传播学院现设新闻学、广播电视、广告学、网络传播四个系。该学院拥有新闻传播学一级学科博士学位授予权，五个二级学科博士学位授予权——新闻学、传播学、跨文化传播学、广告与媒介经济、数字媒介。学院的五个硕士学位授权点分别是新闻学、传播学、数字媒介、广播电视艺术理论、新闻与传播硕士专业学位。

该学院新媒体相关专业及课程设置如表2-16所示：

表2-16　武汉大学新闻与传播学院本科专业主要课程（新媒体）设置

专业方向	课程名称
新闻学、传播学、数字媒介	电脑图文设计
	数码摄影
	网络社会学
	网络信息编辑
	网络新闻作品评析
	多媒体创作
	数字媒介工程实践
	网络广告
	网络传播概论
	网页设计与制作
	网络视觉传播

（2）新闻教学实践与活动

学生在该学院可以使用的科研平台有：新闻与传播研究所、跨文化传播研究中心、动画产业发展研究中心、数字媒介研究中心、新媒体与对外传播研究中心。该学院的全国高校第一家传媒类国家级实验教学示范中心为学生提供了大量实践机会。①

此外，武汉大学新闻与传播学院的第二课堂活动比较突出，这些活动多以新传媒季为载体，培养学生的实践能力，学生通过这样的锻炼能将自己的专业特点与活动相结合。

该学院与《人民日报》、中央电视台、腾讯网等40多家新闻媒体、广告公司签有正式的实习协议，在媒体内部有稳固的实习基地，学生能有组织地进行专业实习。"实习京广线"是该学院内广泛流行的一个词语，学生们在学院指导下把北京、武汉、长沙、广州和深圳五个中心城市定为本科专业实习基地的重点建设区域。

近些年，该学院分别举办了三届"实践教学与新闻传播人才培养"高峰论坛，密切学院与新闻传媒界、广告业界和企业界的联系。在专业实习之外，学生还可以参加如"新闻先生新闻小姐大赛""广告模拟竞标""数字媒介工程实践"等平台。该学院的硕士研究生

---

① 武汉大学新闻学院.学院简介[EB/OL].（2018-12-10）[2019-05-04]. http：//journal.whu.edu.cn/intro/brief.

及博士生还可以通过实践基地的建设增加海外交流机会。[①]

该学院注重国际交流，重视业界权威的指导。在办学规模、师资队伍、综合实力方面，该学院目前都位居国内同类专业院校的前列。该学院积极为学生创造良好的就业实习机会，重视学生综合能力的培养。

2. 华中科技大学新闻与信息传播学院

华中科技大学新闻教育创始于1983年，1998年正式成立新闻与信息传播学院，学院以人文社科为基础，实行人文社科与电信、计算机等工科交叉的富有特色的新闻与信息传播学院。该学院是国内拥有新闻传播学一级学科博士授予权的六大新闻学院之一，设有一体化开放性试验教学中心和功能完备的演播厅，和媒介技术与传播发展研究中心。

（1）新媒体教学课程

华中科技大学新闻与信息传播学院目前拥有新闻学、广播电视新闻、广告学、传播学、播音与主持艺术五个本科专业，新闻学、传播学、广播电视与数字媒体、广告媒介经济四个学术硕士学位点，新闻与传播、出版两个专业硕士学位点，新闻学、传播学、广播电视学、广告与公关四个二级学位博士点和新闻传播学一级学科博士后流动站。

和新媒体有关的培养计划课程中，学生们可以学习的课程包括新媒体与社会、新媒体营销等。

（2）新闻教学实践与活动

2018年，华中科技大学国家传播战略研究院主办了"国家形象蓝皮书"《中国国家形象传播报告（2017—2018）》发布会。

在实践教学中，该学院学生在网络编辑新媒体设计、计算机与多媒体及传媒与舆情调查等领域均有涉猎。

学校与各类实践平台包括各类新闻网站，如新浪、搜狐、新华网、人民网、中国网、国际在线网、中国日报网、央视国际网、中青网、中国经济网、中新网、光明网、中广网等建立联系和合作，学生也可在各单位、企业的网站建设中从事新闻网络传播工作。[②]

该学院将新闻传播与现代信息技术结合，使得现代新媒体、信息技术、新闻传播三方合力，共同推进华中科技大学新闻学院的进步与提升。

（二）西部地区部分新闻院系的新闻教育

1. 四川大学文学与新闻学院的新闻教育

1998年原四川大学文学院中文系与原四川大学新闻学院合并，组建成四川大学文学与新闻学院。该学院已经形成包括本科、硕士、博士和博士后各种层次的办学体系。新闻传播学设有新闻学、广播电视学、广告学、编辑出版学、网络与新媒体五个本科专业。

（1）新媒体教学课程

四川大学文学与新闻学院（新闻学院）拥有国家级实验教学示范中心——四川大学文科综合实验教学中心新闻与传播分中心，学生可充分利用学院传播认知科学实验室、数字采编实验室、焦点小组实验室、新媒体实验室、演播厅等优质实验操作资源和900多台件

[①] 汤广花. 武汉大学新闻与传播学院：用实践教学打造人才培养名片［EB/OL］.（2016-12-06）［2019-05-04］. http：//media.people.com.cn/n1/2016/1206/c40606-28929369.html.

[②] 华中科技大学新闻与信息传播学院. 学院简介［EB/OL］.（2018-12-10）［2019-05-04］. http：//sjic.hust.edu.cn/index.htm.

教学科研仪器设备提高自身新媒体实践和业务能力。其新媒体专业与课程设置如表 2-17 所示：

表 2-17　四川大学文学与新闻学院本科（新媒体）专业主要课程设置

专业方向	课程名称
网络新媒体	新媒体概论
	用户调研与数据分析
	数字媒体编程基础
	移动媒体软件开发
	Flash 动画制作
	网络与新媒体产品策划
	广播电视与网络
	传播效果理论基础
	Web 软件开发技术
	计算机平面设计
	网络与新媒体信息采编
	全媒体整合传播

（2）新闻教学实践与活动

该学院新闻传播学学子拥有的国家级实验教学示范中心——四川大学文科综合实验教学中心新闻与传播分中心，包括传播认知科学实验室、数字采编实验室、焦点小组实验室、新媒体实验室、演播厅等。

该学院与四川日报报业集团共建的学术期刊《新闻界》为 CSSCI 来源刊物。学生研究主要包括新闻舆论与导向研究、媒介与集体记忆研究、西部广播电视研究、"美丽中国"研究、广告与传播符号学研究、民族出版与公益出版研究、网络行为与认知研究等特色方向。①

2009 年该学院成立了腾讯新媒体研究所，学生可通过此平台参与研究新媒体的发展趋势、新媒体的社会影响，依靠新媒体有效应对重大突发公共事件提出策略，促进社会和谐稳定发展。2017 年学院与"四川发布"合作成立了四川首个新媒体"双创"实验室。学生可以在学院学习理论之后，借助"四川发布"的媒体实践资源平台，进行实习实践和就业。实验室可以开展实践研讨活动、增加实际案例与数据，并推出创意新媒体产品。

该学院是四川大学文科教学和科学研究实力最雄厚的学院，不仅拥有文学底蕴，还注重与日俱进的发展。其新媒体教学是西南地区新闻教育最领先的内容之一。

2. 西南政法大学新闻传播学院的新闻教育

西南政法大学新闻传播学院创建于 1994 年，是我国法科大学里第一个开设新闻专业的学院。该学院秉承"中国立场、全球视野、法律正义、社会责任"的办学理念，形成"媒介·法律·社会"三者融合并重的办学特色，将办学目标确定为培养具有全球视野的应用型、复合型人才，走出一条与综合大学新闻传播学科错位发展之路。西南政法大学新闻传播学院拥有重庆高校首个获批的新闻传播学一级学科博士点，也是全国法科大学首个

---

① 四川大学新闻学院. 学院概况［EB/OL］. （2018-12-10）［2019-05-04］. http://lj.scu.edu.cn/xygk/xygk.htm.

获得新闻传播学博士授权点的大学。

（1）新媒体教学课程

目前，该学院设有新闻学、广播电视学、传播学、网络与新媒体四个本科专业；设有新闻传播理论、新闻传播实务、广播电视与新媒体、法治新闻、中文五个教研室。在新媒体相关课程设置方面，该学院设有必修课和选修课，与新媒体相关课程具体如表2-18所示：

表2-18　西南政法大学新闻传播学院本科专业（新媒体）相关课程设置

课程类型	广播电视与新媒体概论	
专业必修课	网络传播导论	数字图像采集与制作
	新媒体技术与运用	互联网前沿思潮
	新媒体舆情监测与分析	
专业选修课	数据挖掘与分析	整合营销传播
	新媒体广告	数据新闻实务
实务选修课	数字营销传播	数字产品运营管理
	数字产品研发与设计	

（2）新闻教学实践与活动

该学院为了给学生提供对中国现代化建设服务有影响的思想库，建立了世界与中国议程研究院；为提升学生的学术实力和新闻实践业务能力，建立了广播影视与新媒体研究院；为提升学院学生与课程的契合度，建立了多个教学与研究机构，具体如表2-19所示：

表2-19　西南政法大学新闻传播学院教学与研究机构设置

教学机构	科研机构
新闻传播理论教研室	世界与中国议程研究院
新闻传播实务教研室	喜马拉雅研究所
广播电视与新媒体教研室	影视传播与新媒体研究院
中文教研室	新闻法制与法制新闻研究院
新闻传播实验教学示范中心	

在实践方面，学院为学生搭建了多个媒体实践平台，包括与美国北卡罗来纳大学和《都市热报》合作的社区新闻计划、与《重庆日报》的战略合作与《重庆商报》合作的蓝鲸计划和与猪八戒网合作的蓝鹰计划等。同时，学院为学生的媒体实践还开设了第二课堂特别活动等，如"大篷车课堂""校运动会全媒体直播"等。2017年，其"大篷车课堂"之俄罗斯堪察加岛调研实践团从全国1 300多个团队中脱颖而出，获得"一带一路"暑期社会实践优秀团体奖。[①]

在新媒体方面，西南政法大学新闻传播学院又开展了"VR＋新闻"实训活动，在重庆创加壹集团设立VR新闻实习基地，学生学习VR新闻制作的基本技能。与重庆中睿政和科技有限公司合作建立西南政法大学中睿新媒体研究中心，为学生学习互联网传播提供技术支持，并与华龙网集团共建融媒学院，培养具有融媒体素养的新型新闻人才。

另外，西南政法大学新闻传播学院现正在建设虚拟实验室云平台，融合媒体教学实验

---

① 熊锴晨．新闻传播学院"大篷车课堂"受团中央表彰［EB/OL］．（2017-12-01）［2019-05-04］．http：//news.sw-upl.edu.cn/zhxw/235573.htm.

室上云，将打通传媒实践教学与实际内容运营之间的断层，快速提升学生融合媒体实践能力。该学院作为法科类学校开设的新闻传播专业方向，利用自身的法学特长为新闻传播注入新的特色内容。该学院在理论教学与实践教学的结合，使其成为法科大学中首个获得新闻传播学博士授权点的学院。

3. 新疆大学新闻与传播学院的新闻教育

新疆大学新闻学专业创办于1983年，是当时全国开设新闻学专业的14所院校之一。前身是新疆大学人文学院新闻系，之后在新闻学专业的基础上新增广播电视学与广告学专业。2003年12月成立新闻与传播学院，它成为自治区第一个新闻学硕士点，是新疆新闻传播人才最重要的培养基地。[①]

新疆大学新闻与传播学院拥有新闻传播学一级学科硕士点和新闻与传播专业硕士点。该学院现有新闻学、广播电视新闻学、广告学、播音与主持艺术等四个本科专业。

（1）新媒体教学课程

该学院分设新闻学系、传播系、传媒经营管理系，还有人才培养中心、新闻与传播研究所等教学研究机构。与新媒体相关方面的课程有电子传播、新媒体实务等。

（2）新闻教学实践与活动

新疆大学新闻学院学生在视觉传播、电子传播、摄影、美术技能和播音与主持艺术方面在校内进行实践学习。学生可通过校外实习获得大量理论联系实践的机会。该学院还在中央人民广播电台、新疆电视台、新疆人民广播电台、新疆日报社、普拉纳广告公司、德润广告公司等单位建立了校外专业实践教学基地。

新疆大学新闻与传播学院2016年便成立了VR工作坊。工作坊从"VR内容的前期策划""VR全景摄录""VR后期编辑制作""VR内容的播音主持""VR技术行业应用"五个方面进行试验研究。该学院创新、创业、创意三创中心和VR工作坊精诚合作，投入新媒体产业，为学生实践活动赢得宝贵平台。

2017年，该学院学生又多了一个新媒体实践的地方——新疆大学与腾讯合作的企鹅新媒体学院。学生们能通过这个平台得到新媒体方面的实践经验，还能为新建地区新媒体生态规划贡献自己的力量。

新疆大学作为西部的双一流大学，在新疆具有较大的影响力。其新闻与传播学院结合当地地方特色，为西部地区培养了许多新闻稀缺人才。

第二节 港澳台地区部分新闻院系的新闻教育现状

港澳台地区包括中国的香港、澳门及台湾，本研究选取了四所设有新闻专业的高校，具体包括世新大学新闻传播学院、台湾政治大学传播学院、香港浸会大学传理学院以及香港中文大学新闻与传播学院。以下是对港澳台地区新闻教育的现状调查。

一、世新大学新闻传播学院的新闻教育

世新大学（Shih Hsin University，英文简称"SHU"，中文简称"世新"）位于中国台湾台北市，是台湾地区排名位于前列的传媒类大学。自2004年当选台湾教育部门教学

[①] 新疆大学新闻与传播学院. 学院简介［EB/OL］.（2018-12-10）［2019-05-04］. http://jcs.xju.edu.cn/xygk.htm.

卓越计划以来，每年都获评选为教学卓越大学。创办人成舍我先生于1933年创立"北平新闻专科学校"，后于1956年在台建校，并于1997年改名为世新大学。世新大学新闻传播学院成立多年，在业内是知名的媒体圈人才培养基地。

该学院设有新闻学专业、口语传播专业、公共关系与广告学专业三个专业。课程与多媒体设计系和新媒体教育息息相关。学生可整合创意设计、数位技术和科技艺术三大领域，在世新的传播专业教育基础上，学习多媒体电脑动画、游戏设计与相关媒体整合应用课程训练，引领学生成为兼具学术文化素养与电脑尖端科技技能的新媒体专业工作者。①

（一）新媒体教学课程

在课程规划方面，该学院配合本校多媒体中心与传制中心的专案实习及其他业界的建教合作机会，让学生在校期间即能获取丰富的实务经验，充实未来的就业能力。

具体的专业及课程设置如表2-20所示：

表2-20 世新大学新闻传播学院本科专业（新媒体）主要课程设置

专业方向	课程名称	
多媒体设计	2D与3D动画设计	前期企划、制作及后期
	游戏制作	游戏人工智能
	游戏程序设计	动画基础
	游戏制作基础	电脑游戏设计元素
	游戏核心设计与微处理	游戏基础构建
	使用端口与游戏人工智能	渲染工场②

（二）新闻教学实践与活动

该学院师资方面力量丰富，包括现新闻与传播学院院长彭怀恩教授、王健壮教授，CCTV4《海峡两岸》特约评论员游梓翔教授，以及钟起惠教授、黄肇松教授等一大批知名专家学者。同时，世新大学拥有来自岛内主流媒体及知名广告公关公司、企业界等业内经验丰富专家的兼任教师。

世新大学新闻学院的学生入学就要学习必修课《媒体识别课程》，来观察媒体的报道，认清楚新闻报道和真实世界之间的关系。学生还有一门特色实践课程——小世界实习，在学校自己的报社、传媒单位，通过实践来提高专业技能，计算在学生的学分中，学生必须参加。世新大学位于媒体业最集中的台北市区，加上校内建立各项实习平台，给学生较多的实习机会。校内有《立报》《四方报》、小世界、世新电视台、世新电台与科学传播计划办公室等共有15个实习平台，推动"校园实习人力银行"计划，每年提供超过500个实

---

① 世新大学传媒学院.学术单位世新大学数位多媒体设计学系［EB/OL］.（2018-12-10）［2019-05-04］.https：//www.baidu.com/link? url=JxtCQSGDOIupK-VzblK0isxCn8TKQzSbeVAGRZqXJnj5YIMWSCX0NuapJOwF9v5uTD1lkxRVFm15pBZAslB6EwS5a3-MooQFzcfviELH-tIkiFSdidf7zLS9MwkI1pLXBlseAKgh-Y0P-tzTRlKGuWCmNG1azapeyVy1k21onCnyE1pJbUWwWkjfY71w8ZhCX53XVSkE0W9sAEwMTR3lx_&-wd=&-eqid=8ac4413b00059a01000000055ccfc8d2.

② 渲染工场，即Render Farm系统，又称渲染农场集群渲染方案。为节约视图和动画的渲染时间，提高制作效率，开发了此系统，工作原理为利用网络渲染器系统，借助于分布式渲染器，多渲染节点进行同步工作，系统自动利用渲染节点和资源，完成任务分解。

习机会，让不同科系的学生能跨领域学习，毕业后与相关产业接轨。①

世新大学新闻传播学院拥有新闻传播教育的特色，如今又结合多媒体数位科技，积极跨入超媒体尖端科技行列，让最优质的数位多媒体设计延续不断无远弗届，带领时代潮流。

二、台湾政治大学传播学院的新闻教育

台湾政治大学传播学院是台湾较为知名的从事新闻传播教育的学院，成立于1989年，设有新闻学系、广告学系、广播电视学系，并设有"数位内容"与科技学士学位课程、传播与国际传播英语硕士学位课程、传播博士班等。

（一）新媒体教学课程

台湾政治大学传播学院课程设置较为丰富，其中和新媒体相关课程有参与式传播、网络与亲密关系和跨媒体识读等。② 该学院给学生提供的学习环境相对自主，学生可依据未来发展需要和兴趣爱好，跨系修课，自由规划自己的学习计划。

该学院学生利用新闻实验室、政大之声实习电台、影音实验室、"数位平台"、剧场与研究导向实验室，参与新媒体技能培训。并有平面出版、影棚、录音器材、高中阶摄影机、多媒体电脑、实验用手机等相关硬软体资源，学生可依兴趣主动参与使用任一实验室。除此之外，学生还可在校园实践媒体《大学报》、网络媒体 U-online 及影音新闻制作室学习提升自身新媒体能力。③

（二）新闻教学实践与活动

该学院为学生提供了大量实践机会。如《大学报》就是台湾政治大学新闻系学生的实验报纸，由学生独立完成，模拟实际报社运作，每隔一周的周五更新电子报 U-online 内容。还有历史最悠久的学术实验广播电台之一——政大之声。"数位平台"为传播学生提供信息基础服务，包括计算机教室及影棚管理、各项器材借用维修、传院网页维护等服务，同时也提供软件工作坊教学，进行 Adobe 系列软件培训，为学生提供实习过程中需要的各项信息与设计技能。对拍片、影像后期制作有兴趣的学生可申请加入影音实验室进行实务训练。

该学院还与复旦大学、武汉大学新闻与传播学院长期开展人才培养交流活动。④

台湾政治大学传播学院比较注重人工智能的最新进展，善于从前瞻性的角度来思考学科教育。广电系的数字媒体和创意实务课程与新媒体实务部门进行经验交流和分享，并且与海外的一些新闻院系进行合作，共同探讨新媒体对新闻媒体实务工作的影响。⑤

三、香港浸会大学传理学院的新闻教育

香港浸会大学传理学院率先在香港开设传媒类专业，向香港大媒体集团输送了大批人

---

① 世新大学新闻与传播学院．[EB/OL]．(2018-12-10)[2019-05-04]．http：//www.shu.edu.tw/．
② 政治大学传播学院新闻学系．课程划分[EB/OL]．(2018-12-10)[2019-05-04]．https：//jschool.nccu.edu.tw/zh_tw/curriculum/UP．
③ 政治大学传播学院．[EB/OL]．(2018-12-10)[2019-05-04]．http：//comm.nccu.edu.tw/．
④ 武汉大学传播学院新闻学系．学院简介[EB/OL]．(2018-12-10)[2019-05-2]．http：//journal.whu.edu.cn/graduate/notice/201802266fpz．
⑤ 政治大学传播学院．[EB/OL]．(2018-12-10)[2019-05-02]．http：//comm.nccu.edu.tw/．

才,在香港媒体界具有很大的影响力。传理学院下的新闻系其课程设置兼顾理论与实践,学生能通过这些课程学习传媒道德操守,获得分析思考能力及创造力。该学院在师资配置上拥有新闻业界、传媒教育及研究领域经验丰富的教师授课,长期聘请在一线工作的记者、资深传媒从业人员等在学院兼任讲师、教授。

(一)新媒体教学课程

香港浸会大学传理学院开设的专业有电影、新闻、公关与广告专业,方向有动画及媒体艺术、电影电视、中文新闻、数据与媒体传播、财经新闻、广告及品牌、组织传播、公关等。学院重视数据与媒体传播这个方向,学生可以学习大量新媒体内容。①

其中与新媒体相关的专业及课程设置偏向于大数据与人工智能领域的学习,如表2-21所示:

表2-21 香港浸会大学传理学院本科专业(新媒体)主要课程设置

专业方向	课程名称	
新媒体专业	大数据分析	数据挖掘与知识发现
	人机交互	人工智能及其学习
	融合编辑	融媒体新闻
	媒体管理	数据新闻
	探索性数据分析和可视化	数据和媒体传播调查报告

(二)新闻教学实践与活动

在实践方面,学院还开展一些与数字技术相关的竞赛活动,学生能在这样的活动中进行创作,并用新媒体的思维方式讲述新闻故事。同时该学院结合其计算机科学系的能力,在人工智能研究基础上展开新媒体防线的学科建设,其水平走在了亚洲前列。学生毕业可在中央电视台和凤凰卫视等单位就业。

该学院的专业课程设置较为多样,一方面学生能写出面向世界的新闻报道,另一方面也能从海量的大数据中找出关键信息。该学院学生在掌握国际新闻方面的技巧之外,还要通过修读金融财经课程,加强采访报道财经新闻的能力。

四、香港中文大学新闻与传播学院的新闻教育

香港中文大学新闻与传播学院始创于1965年,是香港传播教育和研究的先驱。自创立以来,学院致力于为社会培养高素质传播专业人员及研究人员,为新闻媒体行业的发展贡献了力量。学院的课程除了设计灵活广博、训练理论思维外,亦强调实务工作,学生毕业后均能跻身不同类型的媒体和行业。

(一)新媒体教学课程

该学院设有广告与公关学、新闻学以及创意媒体与新媒体等本科专业。该学院课程提供通识教育、体育等必修科目。选修基础科目包括新闻学导论、综合市场传导论、创意媒体与新媒体导论。其中与新媒体相关的课程设置如表2-22所示:

---

① 香港浸会大学传播学院.新闻学系[EB/OL].(2018-12-10)[2019-05-02]. http://www.jour.hkbu.edu.hk/tc/.

表 2-22　香港中文大学新闻与传播学院本科专业（新媒体）主要课程设置

课程类别	课程名称	
必修课	媒体写作	声音与创意媒体
	影像与创意媒体	创意媒体策展与管理
选修课	多媒体与数码娱乐设计	创意媒体与新媒体导论
	新媒体工业	多媒体与信息社会
	创意媒体与新媒体专题	新媒体广告
	多媒体与社会资讯	数码新闻学
	创意媒体写作	互联网
	多媒体设计技巧	创意媒体剪辑原理

（二）新闻教学实践与活动

香港中文大学新闻与传播学院于2017—2018年度推出全港首创的全球传播本科课程，与英国萨塞克斯大学的媒体、电影与音乐学院合作。学生在英国进行交换学习，探讨全球化的复杂本质、过程及对媒体的影响，并且在新的传播模式下关注媒体研究、文化研究、全球媒体管理、跨文化传播研究等方面的新发展。拓宽学生视野，训练学生的分析及表达能力，致力于将学生培养为具有专业操守及使命感的传播专才。

在与实务对接方面，香港中文大学新闻与传播学院为学生提供了一些实践的机会。首先是学院创办的杂志《大学线月刊》，训练学生通过亲身采访、写作和编辑，获得新闻工作的实务经验。其次，例如 Varsity 网站，该网站由学生创作、编辑、设计，选择焦点事件进行深度报道分析，还进行专题报道、突发性新闻报道。广告与公关专业的学生在"点子创作"实践，为香港的免费电视台 ViuTV① 构思全新的电视节目。创意媒体与新媒体专业的学生在创意媒体实验室实践，由导师指导学生个人或者团队协作，创作形式各样的音频、创意写作、音乐、摄影、视频和其他类型的作品，既可以配合课程作品，也可以进行创造性的探索。最后，学院还与地方报社、电台、电视台、广告公司合作，学生可去实习锻炼。

图 2-1　香港中文大学新闻与传播学院学生实践平台 Varsity 网站

---

① ViuTV 于 2016 年 4 月 6 日开播，以实况娱乐为主打，提供以真人为本的实况娱乐节目。首轮播放的节目如《跟住矛盾去旅行》及《玛嘉烈与大卫系列——绿豆》都获得好评，为香港市民提供了免费电视的新选择。

图 2-2　香港中文大学新闻与传播学院学生实践平台《大学线月刊》杂志

　　香港中文大学新闻与传播学院课程设置丰富且具体，特别重视对学生的创意培养，提升学生的创意能力，并为学生的创意提供丰富的实践平台。学院还积极与国外大学合作，开展全球传播教学，拓展学生的国际视野。①

---

① 香港中文大学新闻与传播学院. 全球传播课程［EB/OL］.（2018-12-10）［2019-05-02］. http：//www.com.cu-hk. edu. hk/zh-TW. http//translate. itsc. cuhk. edu. hk/uniTS/www. com. cuhk. edu. hk/zh-TW/programmes/under-graduate-programme/major-programme/13-admission-tc/1328-glc-prog-tc.

第三章 对当前我国新闻教育的调查与分析

第一章是对我国部分高校新闻院系的介绍,重点涉及与新媒体相关的教学和实践内容。但是,若要全面掌握新闻教育的现状,以便进行科学的分析并指出新闻教育改革的目标与要求,仍需从学生、用人单位等角度进行考查。因此,本章将采用深度访谈、实地调查、调查问卷等形式对用人单位和学生进行调查,并对问卷结果进行分析,从新的角度总结我国新闻教育的现状。

第一节 用人单位对新闻人才的需求

新闻专业学生的就业方向大多是新闻媒体、文化传媒公司、地方新闻中心、企事业行政机构等。随着媒体的发展和需求的变化,企业对新闻院系的学生在录用上也在不断调整其标准。以下是笔者在一次新闻专业校园招聘会上所掌握的招聘单位的用人要求,从中可以窥视到目前一些用人单位的具体需求。

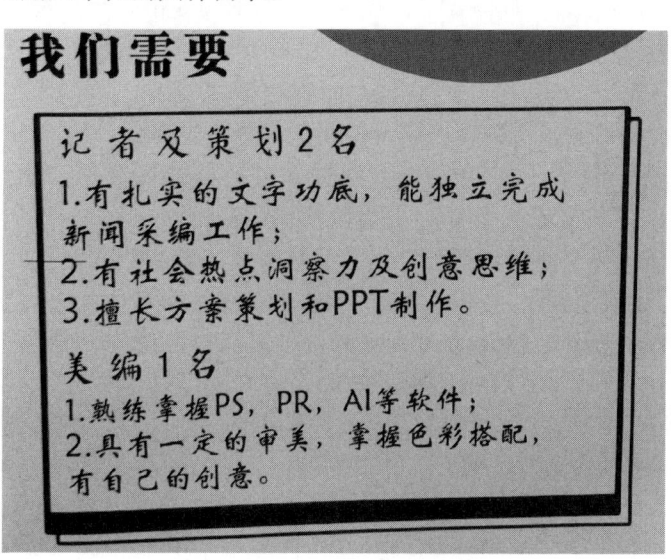

图 3-1 笔者拍摄的某媒体的招聘图片 1

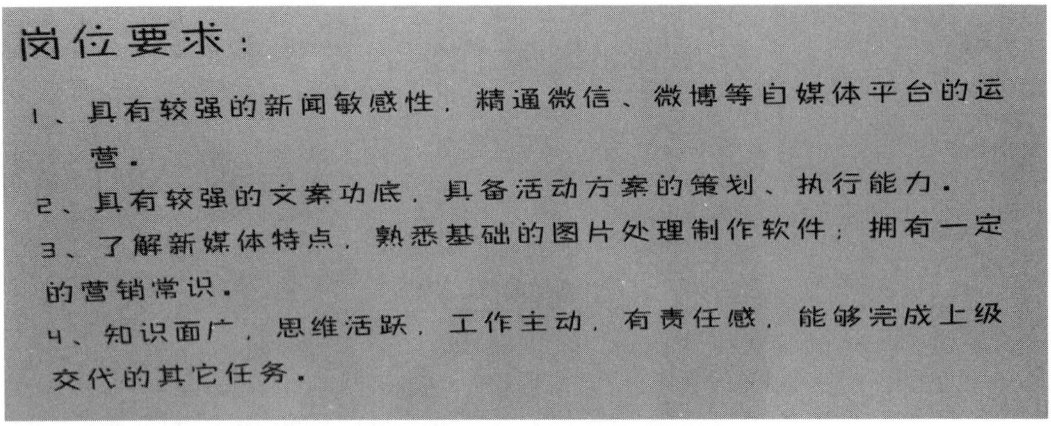

> **岗位要求：**
> 1、具有较强的新闻敏感性，精通微信、微博等自媒体平台的运营。
> 2、具有较强的文案功底，具备活动方案的策划、执行能力。
> 3、了解新媒体特点，熟悉基础的图片处理制作软件；拥有一定的营销常识。
> 4、知识面广，思维活跃，工作主动，有责任感，能够完成上级交代的其它任务。

图 3-2　笔者拍摄的某文化传媒公司的招聘图片 2

以下是笔者所看到的某地方新闻中心的系列招聘信息：

"记者 2 名，具体要求：有较强的政治责任感，身体健康，有勤奋上进、吃苦耐劳、团结合作的精神；汉语言文学、新闻学、经济学、法律等相关专业，大学本科及以上学历；有较强的文字功底和新闻敏感性，熟悉新闻生产流程、有相关从业经历者优先。"

"编辑 1 名，具体要求：身体和心理健康，具有过硬的政治素质、良好的职业素养和敬业素质；吃苦耐劳，学习能力强，组织观念和团队协作能力强，有较强的创新意识和创新能力；30 周岁以下，新闻传播学等相关专业大学本科及以上学历；学习能力、创新能力强，有较强的新闻敏感性和题材策划能力；具有较强的新闻采编业务能力，能独立进行新闻选题的策划和采写；具有较好的新媒体内容创作能力和扎实的文字撰写能力、推广传播能力；可根据文字内容进行可视化（图解、H5、海报、动图、小视频等）创作者优先。熟练运用 H5 编辑工具，了解网站或新闻客户端开发、运行及维护的相关知识；拥有良好的'网感'，有一定的话题敏感度，了解网络社会化媒体传播形式。"

"全媒体视觉包装 1 名，具体要求：影响工程、动漫等相关专业大学本科及以上学历，有较强的纪律意识和团队精神，身体健康，适应加班需要；熟悉政务专题片、时政新闻等电视媒体视觉语言表达，有一定的音乐基础；熟悉微信、微博、动图、H5 等新媒体视觉表达形式和相关制作流程；能熟练使用 MAYA、3DMAX、AE、FLASH 等视频包装制作软件，EDIUS、PR、索贝、大洋等视频剪辑软件，创意能力强；有相关从业经历者优先。"

"网站美术编辑/Web 前端工程师 1 名，具体要求：35 周岁以下，计算机专业、美术设计专业、艺术设计等相关大学本科学历，有专业资格证书者优先，有互联网媒体从业经验，熟悉新媒体者优先，有较好的文字编辑和写作能力者优先；精通 Photoshop、Illustrator、Dreamweaver、Flash 等相关网页设计、图形设计软件的应用，熟练掌握 HTML 代码、WEB 标准/CSS 样式表，熟练使用 JavaScript、Web2.0 应用，能独立完成大型网站页面、专题页面的设计制作；熟悉 H5 页面的编辑制作，熟悉网络视频的编辑制作，了解网站或新闻客户端开发、运行及维护的相关知识；身体健康，具有较高的政治素质、良好的职业素养和敬业品质，吃苦耐劳，学习能力强，团队协作能力强，有较强的创新意识和创新能力。"

总体来说，在招聘市场，用人单位对新闻专业的学生大多要求以下内容：

第一，具有较强的新闻敏感和文字功底，能独立完成新闻的采编以及方案的撰写；第二，熟练掌握图片处理技术、视频编辑技术及相关新媒体操作等；第三，知识面广、思维活跃、吃苦耐劳，具有较强的学习和创新能力；第四，有微信公众号、微博等新媒体运营经验，对新媒体有系统的了解。

针对新闻用人单位对新闻人才的具体要求，笔者对一些媒体工作者和政府部门宣传岗位的工作人员进行了深度访谈。

一、新闻媒体对新闻人才的需求

笔者通过访谈的形式对一些媒体的用人要求进行了访谈，从中选取部分有代表性的内容，从媒体工作人员的角度了解了新闻行业的用人需求。

（一）对地方媒体工作人员的访谈

代表性的访谈对象是某地方媒体的工作人员周某，以下是具体的调查内容：

1. 如何看待新媒体人才？

"站在传统媒体人的角度来看，所谓的新媒体人才并不存在。因为无论所谓的新媒体还是传统媒体，媒体属性始终是第一位的，都离不开传播力、影响力、引导力和公信力的建设。如果说非要给新媒体人才一个界定，其实更多的只是技术范畴的一个命题而已。新媒体人才就是'传统媒体人＋新技术运用'的融合体，即既懂得媒体属性，又能熟练掌握新技术运用的人才，这从现有新媒体领军人物皆为传统媒体出身的现象中也可以得到佐证。因此，离开媒体属性单纯谈新媒体人才队伍建设，难免会进入认识上的误区，进而走上发展的死胡同。"

2. 你们需要什么样的人才？

"推进媒体深度融合，让传统媒体与新媒体成为你就是我，我就是你的格局，已成为当下传统媒体加强自身建设、提高传播力和影响力的不二选择。鉴于新媒体人才属性，我们需要的新媒体人才至少要具备以下基本技能和条件：第一，必须是一个合格的新闻人。媒体无论如何发展，传统媒体无论怎样唱衰，'内容至上'始终是铁定的法则，新媒体人首要的就是必须懂得新闻传播规律，必须掌握新闻策划、写作技能技巧，只有这样的人才能适应媒体形态（包括传播平台和手段）的不断变化，以'内容的不变'应对'形态的万变'，掌握传播的主导权。第二，必须是一个'技术控'。要较为熟练地掌握和运用互联网技术，技术变革日新月异，但互联网海量、互动等运用逻辑是不变的，只有掌握一定互联网基础的人才，才能独当一面。第三，人才尽可能年轻化。舆论格局的变化，为舆论引导带来新的挑战，新媒体阅读群的不断年轻化，需要新媒体人才的年轻化予以适应。同龄化的语境更能激发理解上的共鸣，从而达到舆论引导效果的最佳化，更好把握舆论引导主导权，形成更加'于我有利'的舆论氛围。"

3. 对新媒体人才需要多吗？

"加快推进媒体深度融合，顺应舆论引导新形势已成为新时代媒体人的重大使命，不愿主动积极快参与，不能积极适应慢参与，不会科学应对乱参与，都注定被淘汰出局。当前，重庆市已经以'两厅'名义下发媒体融合实施意见，各级媒体深度融合已成必然趋势，2018年注定成为各级党报，尤其是地市县一级党报的融合年，对新媒体人才的需要呈井喷之势。严格意义上讲，目前，市地县级党报基本上没有所谓的新媒体专业人才，原因有：第一，转型太快，人才培养无法跟上。第二，理念不清，对新媒体专业化人才的认识尚处在探索阶段。第三，方向不明，为融合而融合，为转型而转型，尚无明确的人才需要导向和机制。因此，真正适应新媒体的人才供不应求。按照当下区县报普遍标配的'两微（微信、微博）两报（手机报、数字报）一网一端'来看，每家媒体至少需要5～10名新媒体人才，且这个数字仍在增长，而这仅仅是党报对新媒体人才的需求状况。随着专业媒体、机构媒体、政府媒体、社交媒体不断争相占领舆论主导地位，社会各界对新媒体人才的需求将更加旺盛。"

4. 您对高校新媒体人才培养有哪些建议？

"高校集学术资源与人才资源于一体，无疑是培养新媒体人才的重要摇篮。鉴于用人单位对新媒体人才的要求，建议高校在新媒体人才培养方面从以下几点着力：一是加强新闻传播教学，使学生通过系统的理论学习，能从更高层次和更高水平上把握新媒体传播和发展的规律，让每一个新媒体人既成为引领新媒体发展的专家，又成为懂新闻的行家里手。二是加强教学实习基地建设，新媒体兼具技术属性，更多要求熟能生巧，因此高校应在创建实验室的基础上，通过建立教学实习基地、顶岗实习和挂职锻炼等方式，为学生更快适应新媒体发展奠定基础。三是通过定向培养和委托培养的方式，'量身'培养适用人才，为学生求职就业最大限度地做好准备。同时，可举办更多继续教育短期培训班，对一线从业人员进行再培养，在增加学校办学'造血'功能的同时，也为本科教学积累更多实践经验。"

（二）对期刊编辑的访谈

代表性的访谈对象是某期刊编辑王某，访谈主要围绕以下几方面：

1. 新闻与传播专业的学生最需要掌握哪些方面的知识？

"在知识层面，新闻专业学生如果能扎实掌握现有课本知识，在日后工作中能有效并灵活运用，那么我们目前的课程设置已经足够。其实新闻专业学生的确需要充分储备各个领域知识，因为新闻工作面对的是社会各个领域。如果时间充裕，学生们最好大量阅读，开阔视野，历史、政治、法律、文化、宗教、地理等社会学科统统涉猎，积累将在无形中产生。"

2. 新闻与传播专业的学生应该具有的专业能力有哪些？

"最最基本的要求是要有好的文笔，要加强写作练习，并且提高自我锻炼意识，因为不管是就职于平面媒体还是电视、广播、网络媒体，大部分人都是与新闻采写打交道，深厚的写作基本功会让你受益匪浅。能写新闻稿的人很多，但是只有写好写精，懂得如何从一个新闻事件找出不同寻常的报道角度与手法，才更有可能脱颖而出。另外就是要具备与人顺畅沟通的能力，新闻记者几乎每天都要跟陌生人打交道，要在短时间内让对方产生亲近感，至少是不排斥，采访才能顺利进行。"

3. 在思维方式、逻辑思考能力、价值观等方面，用人单位对这些学生有什么要求？

"能够站在他人的角度想问题，不我行我素，对未来发展方向最好有明确的目标。"

4. 目前哪些类型的人才最受媒体欢迎？

"踏实肯干，有责任心与创新意识，一专多能型人才相对更受欢迎。"

5. 除了以上几个问题，请问您对目前新闻与传播专业的本科教学有什么建议吗？

"如果要与实践接轨，则应该增加专业实习时间，目前厦门大学新闻系已经实行前三年在校学习，最后一年全部用来专业实习与毕业论文撰写，我觉得现在三个月的实习时间远远不够，刚刚上手写稿、发稿，就面临结束实习，学生并不能得到真正锻炼。现在用人单位在选拔应届毕业生时，除了专业知识之外，最看重的就是实践经历，所以在不影响学习的情况下，学校还是应该鼓励学生实践，如果条件允许的话，也可以安排一些社会实践。"

（三）对专业媒体记者的访谈

代表性的访谈对象为《法制日报》记者陈某，以下是具体的访谈内容：

1. 新闻与传播专业的学生最需要掌握哪些方面的知识？

"其实真正到实践中，记者都是有自己的专业方向的，但从学生来看，最好是个杂家，博学的知识对未来上手实践非常有用。这完全可以通过多看书、读报，还有从BBS和微博中学到，政治方面、经济方面、法律原理方面的常识是非常重要的。"

2. 新闻与传播专业的学生应该具有的专业能力有哪些？

"沟通能力，包括得体的口头表达能力；逻辑能力，思路要清晰；文字能力，即能写；提炼能力，不啰唆，切中要害；另外，还有随机应变能力等。"

3. 在思维方式、逻辑思考能力、价值观等方面，用人单位对这些学生有什么要求？

"一个有发散思维、清晰的逻辑思考能力和积极向上价值观的员工肯定是被欣赏的。"

4. 目前哪些类型的人才最受媒体欢迎？

"媒体最喜欢能写、有敏锐观察力或者能挖掘到源源不断的选题并且能吃苦的人。"

5. 除了以上几个问题，请问您对目前新闻与传播专业的本科教学有什么建议吗？

"学校应该增加实践内容，塑造学生独立思考的能力。"

（四）对中央媒体记者的访谈

代表性的访谈对象为中央电视台记者张某，具体情况如下：

本次访谈也围绕以上五个问题展开，不过被访谈对象的回答更贴近对新技术、新媒体的学习和应用方面。

张某表示："新技术多指关注前端技术动态，而非一定熟练运用各种设备和软件。我们应该创造更多的机会让学生掌握新的技术信息，比如微博之后的传媒发展新方向、电视技术的发展状况等等。"

在学生素质培养方面，他主张"思维方式、逻辑思考能力和价值观比根据需求而动更有价值"，"有自己的角度、方式、方法、价值观，能够坚持一些特色，就是在共性中能够展现出个性的人才"，这样才能"从多角度观察事物，从惯性思维中跳出来，以多个角度来看待同一个新闻事件"，其中"从社会学的角度来看待新闻事件，是解析新闻最重要的能力"。

当然，本研究所进行的访谈较多，以上只选取了一部分具有代表性的访谈，以了解媒体人员对新闻人才的看法，他们是新闻教育的"过来人"，同时也在新闻单位接触或者指导大量新闻院系的实习生、毕业生，对用人单位的人才需求有比较精准的把握。

总体上，被访谈的新闻从业人员一致认为需要增加新闻教学实践的训练，强调学生知识的丰富多样与思维能力。

二、其他就业岗位对新闻人才的需求

政府部门宣传部门、企事业单位办公机构、文化公司等都对新闻人才有大量的需求。对此，本研究对此类型的用人单位进行走访，并深度访谈了其中一些工作人员。其中某政府部门宣传岗位工作人员谢某的访谈内容较为全面，对新闻专业的学生有一定的启发意义。

他认为在实践中，机关单位对于新闻宣传人才的要求不再是简单的"你会做什么"，而是要清楚"该怎样避免错误"。机关宣传更多需要点到而止、叙述清楚，难度不大。但一篇好的宣传报道，在于既能满足官方隐性宣传的需求，又能以生动形象的文风让读者喜闻乐见，避免写成死板的"党八股"。这要求新闻学子深入采访，写出报道的现场感。

可是，机关宣传的最大难点并不在此，而是在于到处都是你所不知道的"陷阱"，你会在完全无意识的情况下出现知识上尤其是基本政治知识的盲区。谢某以举例的方式讲述了其所在岗位必须具备哪些知识。

（一）掌握基本政治知识

如以下内容：

1. 你知道政治局委员、中央委员、中央候补委员的差别吗？他们的人数各是多少？

2. 你知道"一府两院"吗？最高人民法院的最高领导是院长，最高人民检察院的最高领导也是称为院长吗？两长是属于政治局委员、中央委员，还是中央候补委员？

3. 你知道"党和国家的领导人"是指哪些人吗？

4. 你知道国务院组成部门、国务院直属机构、国务院办事机构、国务院直属事业单位和国务院部委管理的国家局之间的区别吗？它们各自包括哪些部门或机构？这些部门和机构的全称、简称各是什么？

5. 你知道公务员级别有哪些吗？你能排对顺序吗？比如厅级、局级的级别是一样大的吗？它们各自用在什么职位上？有司级这一说吗？司长的级别与厅级、处级相比怎样排序？你知道什么是领导职务，什么是非领导职务吗？一个调研员、副巡视员和一个正科、副科，级别上谁大谁小，如何排序？你知道一个基层法院院长、中级人民法院院长、高级法院院长、各级政法委书记、省委宣传部部长、报社社长或总编辑的级别各是什么吗？

6. 你知道什么是"四套班子"和"五套班子"吗？它们之间在宣传报道上的排序是怎样的？

7. 你知道什么是书记吗？你知道什么叫"常务"吗？常务是在党委还是政府部门？法院和检察院有书记吗？有常务吗？常务有几个人？

8. 你知道机关报道中，"强调""指出""指示"等的区别吗？

9. 你知道什么叫国务院常务会议吗？哪些人参加？你知道"两会"的全称是什么吗？十七届一中全会、二中全会、三中全会、四中全会、五中全会有什么区别？各自的会议内容和主题是什么？它们每隔多长时间召开一次？

10. 你知道什么叫党组会议吗？什么叫民主生活会？什么叫理论学习会？一个地方或部门的人事安排，一般会在以上哪个会议上讨论？什么叫原则性通过？

11. 你知道什么叫内设机构？什么叫党务工作？行政处是什么的简称？研究室和办公室的区别在哪里？办文、办会这种工作一般放在哪个部门？

12. 你知道什么是计划单列市，什么是副省级城市，什么是经济特区吗？以上在全国各有哪些城市？你知道什么是地级市、县级市、省直管市吗？它们的区别和级别是怎样？

以上只是举例，这些百科知识与宣传工作息息相关，新闻专业的学生应当熟悉。只有清楚地了解这些事关政治、经济等方面的百科知识，在机关、企事业单位等岗位从事宣传工作才能游刃有余。一篇优秀的报道，若是因为以上知识的盲点而造成错漏，那就贻笑大方了。

（二）了解其他相关学科知识

对于实践岗位应具有的专业能力，谢某认为："新闻学子应该是万金油，掌握各方面的知识还只是万里长征的第一步，重要的是，应该对任何一件事情都有自己的独特看法，而且能够自圆其说，清楚该怎样去解决。简单地说，就是要对事情有自己的谋略。学生若想掌握这方面涉及的专业能力，除了要学习必需的采访技能外，还需要下功夫学习其他学科知识。"

具体来说，需掌握的知识应该包括以下方面：

1. 公共管理学知识。比如要了解对于国家和地方的政策，出台的目的究竟是什么；对于各类突发情况，知道该怎样去做应急预案；对于一件计划，要学会写《可行性分析报告》；要学习如何有效管理团队。

2. 经济学知识。比如要知道人民币贬值或升值与贸易顺差、逆差的关系，要知道怎样才能对我国的经济有益；要知道我国的分税制、地方政府的主要经济来源是什么？上级根据哪些指示来对一个地方官员进行考核，为什么各地政府如此重视 GDP？为什么会出现强拆现象？

3. 外语知识。尤其需要掌握英语口语，至少要熟悉到可以与外国人自由交流，平时能浏览国外网站。

4. 新闻知识。专门深入攻克一些领域，比如新闻标题怎样才能写得特别出彩？电脑、手机、杂志、报纸的新闻标题各有什么不同的要求？如何在十个字以内写出有亮点却不失真的标题？

5. 公文写作知识。知道基本的公文格式和写作知识，要会进行公文改错。

6. 综合材料写作知识。阅读综合材料写作方面的书籍，要能够辨别什么样的综合材料才是好文章。

7. 交际能力。在交际中要做到平和、谦逊、热情，不能太闷、太闭塞，要知道怎样和陌生人开启话题，但说话不能太过头、太浮躁。

8. 演讲能力。演讲能力在实际工作中越来越重要，无论是竞岗，还是完成工作任务，抑或是采访和现场报道，都必须具有一定的演讲能力。

9. 时间观念。现代年轻人的拖延症都太严重了，克服拖延症也成为文字工作者必须具备的一项能力。请记住："今天再晚也是早，明天再早也是晚。"

10. 思维方式与价值观。在当下的中国做新闻工作，思想应该与党中央一致，与全国人民的利益一致，要务实、正面，要对美好的向往坚定不移，并运用现有的力量去积极推动。新闻专业的学生们都要朝着这些目标前进，并要知道哪些行动能够切实推进这些目标。除了扎实的工作能力之外，还需要好的态度和品质，谦恭、热情、肯吃苦，踏踏实实做好手里的工作。

第二节　新闻院系学生对新闻教育的反馈

一、对新闻院系学生的访谈

（一）对新闻专业学生的访谈

笔者对新闻院系的学生进行了访谈，其中中国传媒大学 2016 级新闻专业的学生马某的反馈较有代表性，笔者对其访谈涉及专业学习情况、课程设置和学习期望等内容。以下是具体的访谈内容：

1. 关于课程设置

相关问题是：你的课程有哪些？有哪些是新媒体相关的课程？

"我的基础课程有新闻理论研究、新闻传播学研究方法、中外新闻传播史、新闻史专题研究、新闻理论专题研究、报刊理论与实践专题研究、现代传媒创新与发展研究、新闻心理学、广播电视新闻性节目研究、广播新闻研究、电视节目制作、在线新闻编辑等等。与新媒体相关的有网络新闻及新媒体专题研究、新媒体理论与实践、网络舆情导论、危机新闻报道、全媒体新闻业务实践等等。我印象最深的一门课是群助动力学,这个可'高大上'了,有许多数学的内容,跟新媒体相关的课程我觉得最好的一门是数据挖掘方面的课,做大数据、融媒体,做得特别好。"

2. 关于新媒体实训

相关问题是:我看到你们学校有声音混录棚、4K 超高清演播室、语言录制室、十讯道高清转播车等设备,你们平时使用这些设备的频率高吗?

"我没有用过,但我知道这些设备使用频率是很高的。学生会和一些活动用得挺多,还有一个专门的新媒体教室,里面很先进,最基本的是清一色的苹果电脑,我觉得最'高大上'的是有很多无人机让学生操作。广院最有名的新媒体课还有一个新媒体教室,就是数据挖掘教室,去教怎么用大数据。我们上课有一个特点,老师们讲课都会围绕新媒体,例如新闻心理学讲的是新媒体新闻心理学,群组动力学更多地偏向技术性。基本每一个学科都会覆盖到新媒体,也就是说,新媒体融入了不同学科里面。"

3. 关于人才培养方向

相关问题是:你觉得学校在新媒体人才培养方面还需要添加哪些内容?比如还应该添加哪些课程、哪些实践平台?应该更注重学生哪方面的培养?

"首先我觉得,基础内容方面,理论课可以再增加一下,更全面地涉及现在新媒体端的一些新变化,包括内容、受众、渠道各方面。实践方面,我觉得可以有更多的课程面向新媒体的采写编评,还有不同的端口、入口,例如网络端。另外我们怎么看待新媒体上出现的各种现象,我认为可以更加深入探讨。"

(二) 对网络与新媒体专业学生的访谈

为了解网络与新媒体专业学生对当前新闻教育的看法,笔者对该专业的学生也进行了访谈,从访谈资料中选取了网络与新媒体专业的学生何某的反馈情况,以下是具体的采访内容:

1. 关于课程设置

相关问题是:你在大学中学习了哪些课程?其中哪些课程是跟新媒体相关的?

"我在大学里学过的课程有新闻学概论、新闻摄影摄像、经济新闻研究、广播电视概论、新闻心理学、新闻采访与写作、新闻编辑、创业学、大众传播学、民俗学、中国古代文学、中国现当代文学、外国文学等,与新媒体相关的课程大概有新媒体概论、网页设计、网络编辑、室内设计、3DMAX 三维动画制作软件、图解新闻、危机公关等等。"

2. 关于校内新媒体实践活动

相关问题是:你在本科期间是否参加过与新媒体相关的实践活动?

"我参加过系内的实践活动,在大学生新空网做过两年的网络编辑,还参加过校内新媒体研究所的工作。但是除了外包工作的实训平台之外,校内的新媒体实训平台工作比较简单,学到的知识较为有限。而且校内新媒体的网页受众群太小,我们做的很多工作就是去网页回帖,强行增加热度。"

3. 关于新媒体实训

相关问题是:你在学习过程中,与新媒体相关的实训有哪些呢?

"在我们学校新媒体研究和四川长虹集团合作的一个项目中,我做了一个月的产品网络推广，学校跟成都电视台合作的时候，我也做了一个月的产品网络推广。在这个过程中，我学会细分目标受众、在平台精准投放，并且结合当下热点软文推广内容，吸引受众注意。"

4. 关于获取的新媒体知识

相关问题是：你觉得自己在本科期间，是否学到有用的新媒体知识？有哪些收获？

"还是学到了很多东西，比如在实践中学会了结合运用传统媒体与新媒体的优势，在网络推广的时候学到了许多推广的技巧，同时还掌握了一些专业技术，例如网络页面排版、网络专题的制作、页面与 logo 设计以及一些编辑软件的运用等。"

5. 关于新媒体培养方向

相关问题是：你觉得学校在新媒体专业学生的培养方面还应该添加什么内容？更应该注重哪方面的培养？

"因为我们这一级的新媒体专业是今年刚开设的，所以我觉得还处于摸索阶段。我们专业对实务课程设置得还不够，实训还较少。而且有用的新闻学方面的知识仍然不够。我认为我们学校还应该注重技术方面的培养，应该教得再精一些，同时也要加大新闻学知识的教学力度。"

以上访谈内容从不同的角度让我们了解新闻人才应该是什么样的人才，新闻教育需要培养学生哪些能力，以及学生们具体、真实的感受，这为我们思考新闻教育的发展策略，并进行进一步改革提供了坚实的基础。

二、对新闻院系学生的调查

除了访谈，本研究还以问卷的形式对学生的新媒体课程学习情况进行了解，以判断目前的新媒体教学情况是否达到学生的预期，以及还存在哪些问题，应该如何进行调整等。

（一）调查问卷说明

1. 调查目的：探究我国新闻教育的现状。
2. 调查时间：2016 年 12 月 1 日—2017 年 3 月 1 日。
3. 调查对象：高校新闻专业大学生。
4. 调查方法：纸质问卷，由作者本人和委托研究生向在重庆、北京、广州、上海、武汉高校就读新闻专业的学生发放，本次问卷共发放 600 份，回收有效问卷 455 份。
5. 问卷设计：问卷共设计 30 个问题，其中 1~2 题是基本信息的调查，比如性别、年龄等，3~30 题是关于新闻教育现状的问题。以下是对问卷统计数据的分析。

（二）调查问卷分析

1. 大学生对当前新媒体课程的满意度调查

表 3-1　大学生年级与新媒体课程满意度交叉表

2017 级		2016 级		2015 级		2014 级		合计	
数量	占比	数量	占比	数量	占比	数量	占比	数量	占比
0	0.000%	0	0.000%	2	0.922%	0	0.000%	2	0.440%
16	14.286%	2	2.564%	15	6.912%	3	6.250%	36	7.912%
48	42.857%	27	34.615%	67	30.876%	16	33.333%	158	34.725%
48	42.857%	49	62.821%	133	61.290%	29	60.417%	259	56.923%
112	100%	78	100%	217	100%	48	100%	455	100%

上表是对大学生年级对新媒体课程满意度的调查结果,结果显示,有0.4%的新闻学专业学生表示当前的新媒体课程能充分满足需求,7.9%的学生认为能满足需求,34.7%的学生认为能基本满足需求,有56.9%的学生认为当前的新媒体课程不能满足需求。

2. 被调查学生对课程与实践学习的看法

(1) 专业课程和作业量

图3-3表明有4.2%的学生认为专业课程和作业量非常多,有18.5%的学生认为专业课程和作业量比较多,52.1%的学生认为专业课程和作业量一般,18.0%的学生认为专业课程和作业量比较少,6.8%的学生认为专业课程和作业量很少,0.4%的学生认为没有专业课程和作业。

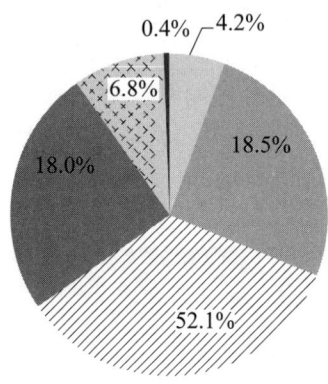

■非常多 ■比较多 ⊘一般 ■比较少 ⊠很少 ■没有

图3-3 学生对新闻专业课程设置和作业量的反馈

(2) 接触实验室的时间

图3-4是对新闻专业学生接触实验室时长的调查结果。结果显示,有0.2%的学生表示接触实验室的时间非常多,1.1%的学生表示接触实验室的时间比较多,6.6%的学生表示接触实验室的时间一般,51.2%的学生表示接触实验室的时间比较少,40.9%的学生表示没有接触过实验室。

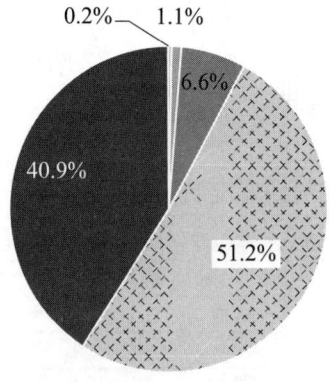

■非常多 ■比较多 ⊘一般 ⊠比较少 ■没有接触

图3-4 学生对实验室接触时间长度设置的反馈

（3）实验室设备掌握情况

图 3-5 是对新闻专业学生实验室设备掌握情况的调查结果。结果显示，有 0.4% 的学生表示对实验室设备非常熟练，6.8% 的学生表示对实验室设备比较熟练，23.5% 的学生表示对实验室设备掌握一般，25.1% 的学生表示对实验室设备较不熟练，28.8% 的学生表示对实验室设备不熟练，15.4% 的学生表示不会使用实验室设备。

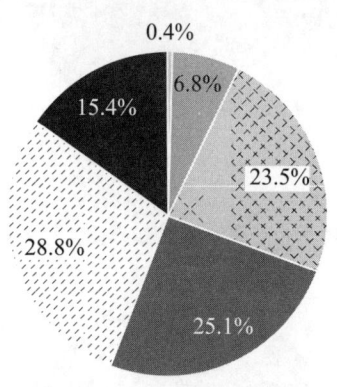

■ 非常熟练　■ 比较熟练　■ 一般　■ 较不熟练　■ 不熟练　■ 不会

图 3-5　学生对实验室设备掌握情况的反馈

（4）课堂学习与实践操作的比重

图 3-6 是对新闻专业学生课堂理论学习与新媒体实践操作比重设置认知情况的调查结果。结果显示，32.3% 的学生认为课堂学习的比重大于实践操作，26.4% 的学生认为课堂学习的比重等于实践操作的比重，41.3% 的学生认为课堂学习的比重小于实践操作的比重。

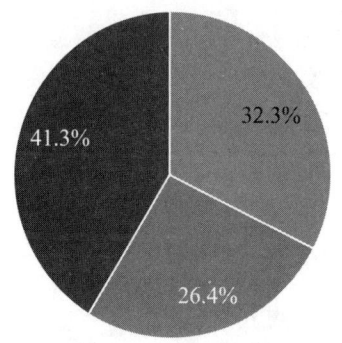

■ 理论>实践　■ 理论=实践　■ 理论<实践

图 3-6　学生对课堂理论学习与新媒体实践操作比重设置的认知情况

（5）学生是否参加过新媒体实践

图 3-7 是对新闻专业学生是否参加过新媒体实践的调查结果。结果显示，有 57.4% 的学生参加过新媒体实践，42.6% 的学生没有参加过新媒体实践。

（6）新媒体教育与实践的关系

图 3-8 是对新闻专业的新媒体教育是否跟得上实践的调查结果。结果显示，36.7% 的学生表示新媒体教育跟得上实践，63.3% 的学生表示新媒体教育跟不上实践。

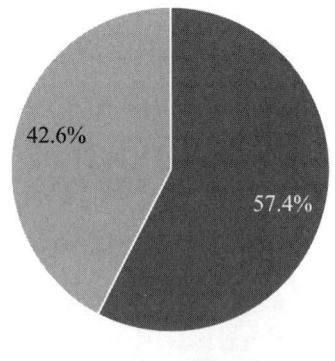

图 3-7 对学生是否参加过新媒体实践的调查统计

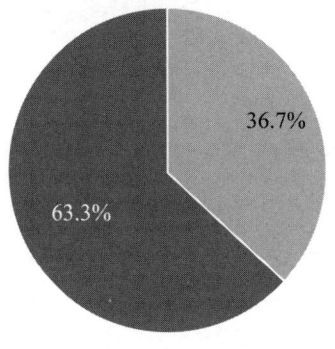

图 3-8 学生对新媒体教学是否跟得上实践的反馈

3. 被调查学生对新闻教育的看法

(1) 新闻学专业学生想去的实习单位

图 3-9 是对新闻学专业学生想去的实习单位的调查结果。结果显示,有 7.9% 的学生想去报社实习,29.5% 的学生想去广播电视台实习,36.2% 的学生想去网络公司实习,15.2% 的学生想去杂志社实习,7.0% 的学生想去通讯社实习,4.2% 的学生想去其他单位实习。

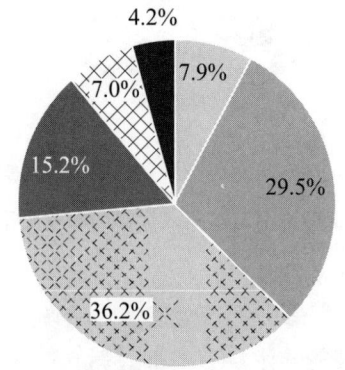

图 3-9 学生实习单位意向统计

(2) 学生去新媒体工作单位欠缺的能力

图 3-10 是对新闻专业学生对其新媒体工作能力自我认知的调查结果。结果显示，有 31.6% 的学生认为自己接触新媒体的渠道和资源不足，40.5% 的学生认为自己采写编评的知识不足，14.7% 的学生认为自己对新媒体的了解不足，8.6% 的学生认为个人性格不足，4.6% 的学生认为自己在其他方面存在不足。

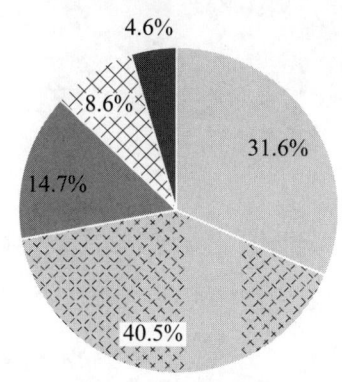

图 3-10　学生新媒体工作能力的自我认知情况

(3) 专业课程的调整

图 3-11 是新闻专业学生对专业课调整的反馈情况。结果显示，有 69.9% 的学生认为应该增加新媒体课程，15.4% 的学生认为应该减少新闻基础课程，9.4% 的学生认为应该维持现状，5.3% 的学生选择其他。

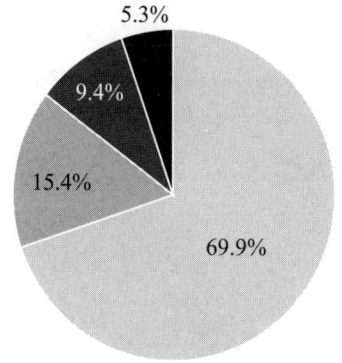

图 3-11　学生对专业课程调整的反馈

(4) 师资调整

图 3-12 是新闻专业学生对师资结构调整的反馈情况。结果显示，有 4.6% 的学生认为应该增加研究型人才，22.0% 的学生认为应该增加业界人才，70.1% 的学生认为应该增加实践课的人才，3.3% 的学生认为应该维持现状。

(5) 新媒体教学的调整

图 3-13 是新闻专业学生对实践教学内容调整的反馈情况。结果显示，有 24.4% 的学生认为应该改变新媒体课程教学方式，23.3% 的学生认为应该改变新媒体课程的教学内容，

50.5%的学生认为应该改变新媒体课程的实践教学,1.8%的学生认为应该改变其他方面。

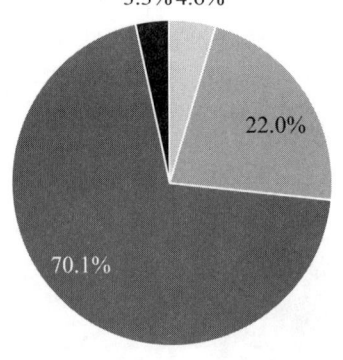

图 3-12 学生对师资结构调整的反馈

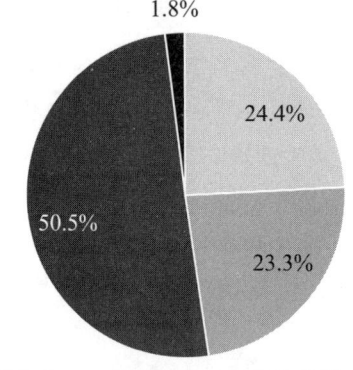

图 3-13 学生对实践教学内容调整的反馈

(6) 实践教学应增加的内容

图 3-14 是学生对新闻教育实践部分应增加的内容的反馈情况。结果显示,有 19.3% 的学生认为应该增加实验室操作,61.5% 的学生认为应该增加学生到校外实地操作的机会,18.5% 的学生认为应该创办学生媒体,0.7% 的学生认为应当增加其他方面的内容。

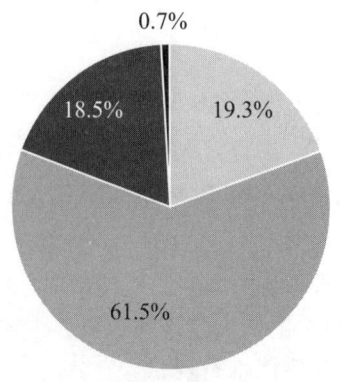

图 3-14 学生对新闻教育实践应增加的内容反馈

（7）新媒体课程与国外的接轨

图 3-15 是学生对新媒体课程与国外接轨情况的反馈结果。结果显示，1.1%的学生认为新媒体课程与国外完全接轨，21.5%的学生认为有一定程度的接轨，37.8%的学生认为基本没有接轨，10.6%的学生认为完全没有接轨，29.0%的学生表示不了解。

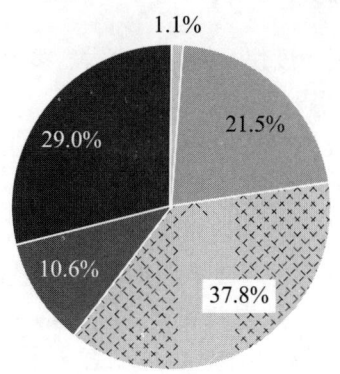

图 3-15　学生对新媒体课程与国外接轨情况的反馈

（8）新闻学专业学生毕业后意向调查

图 3-16 是对新闻学专业学生毕业后工作意向的调查结果。结果显示，8.6%的学生毕业后想从事传统新闻行业，42.0%的学生想从事新媒体行业，30.8%的学生想从事其他行业，18.6%的学生表示不清楚。

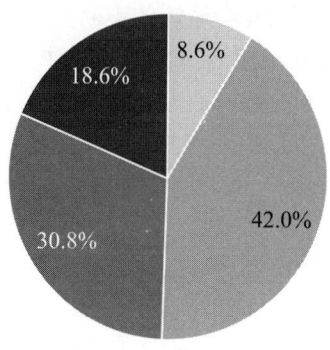

图 3-16　学生毕业后工作意向统计

（三）调查问卷结论

对以上问卷的分析可知，新闻专业的学生对当前新媒体课程的满意度总体上较低，主要表现在以下几个方面：学生接触实验室的时间少，对实验室设备的操作不熟练；大部分学生没有参加过新媒体实践；新媒体教育跟不上实践等。最后，学生对新闻教育的反馈主要有以下几个方面：网络公司是新闻专业的学生最想去的实习单位；学生在接触新媒体的渠道和资源方面比较欠缺；应适当地增加新媒体课程和实践课程；应增加学生到校外实地操作的机会，为学生在新媒体工作提供良好的实践环境。同时应该完善教师队伍建设，增加实践课人才。当然，也不能忽视最基础的采写编评训练。

第三节　我国新闻教育的发展规模与存在的困境

一、我国新闻教育的发展规模

我国的新闻教育呈现出发展速度快、招生规模大、多元化的特点。笔者发现我国的新闻教育机构的数量以及专业点的设置等都在不断增加。据统计，1992 年，全国设有新闻学类专业教学点的普通高等院校 52 所，共设新闻学类专业 77 个，新闻学专业 39 个，国际新闻专业 6 个，广播电视新闻专业 9 个，广告学专业 21 个，播音专业 1 个，体育新闻专业 1 个。全国在校生 16 920 人，博士研究生 30 人，硕士研究生 335 人，双学士 274 人，本科生 6 026 人，专升本 407 人，专科生 2 418 人，函授生 7 430 人。① 到 2008 年 6 月，我国新闻学类专业点已达 877 个，其中新闻学 267 个，广告学 323 个，广播电视新闻学 188 个，编辑出版学 64 个，传播学 31 个，媒体创意 4 个。② 以上数字近十年来还在不断增加，具有新闻传播专业的院校已经超过千家，在校学生规模已经突破 20 万人。随着新媒体的发展，公司企事业单位也要进行网站维护、打造官方微博和进行公众号推送，这无疑给新闻人才扩展了就业的通道，人才的培养规模与市场的需求相适应，但是市场能否全部"消化"这些人才还存在疑问。

新闻学类专业点的设置呈现增长的趋势，而且与此相关的其他专业数量以及各阶段受教育的学生人数也在不断增长，这在一定程度上说明了我国的新闻教育发展迅速，以及国家对新闻教育的重视。

在课程体系的设置上，随着我国社会经济的不断发展，基本上形成了一套固定的课程体系框架。这个框架主要由两部分组成：一部分是公共基础课，例如政治理论课、文史课、体育、外语等；另一部分是专业课，而专业课又根据不同的方向来进行更为细致的划分。近年来在专业课程的设置上，一些高校普遍提高了专业实践课、专业选修课等的设置比例，其目的是让学生能够发现自己的兴趣，掌握多领域的专业知识，提高学生的实践能力。

目前在这一方面的研究，基本上是以我国一些知名高等院校为研究对象的，将我国的新闻教育机构大致分为四类：

第一类是具有悠久传统的老牌新闻学院，如中国人民大学新闻学院、复旦大学新闻学院；

第二类是新兴的新闻院系，这类的新闻院系大多是依托综合性大学而起，如北京大学和清华大学相继成立的新闻学院，发展速度比较迅速；

第三类是专业的新闻院系，如中国传媒大学；

第四类是专业院校设立的专业新闻教育，如财经学院设立的财经新闻专业、体育学院设立的体育新闻专业等。③

---

① 辛欣，雷跃捷. 中外新闻传播教育发展研究 [M]. 北京：中国传媒大学出版社，2009：109-113.
② 苏林森. 我国新闻传播学教育的现状与问题——以 2000 年以来新办院系为例 [J]. 中华文化论坛，2012（3）：159-163.
③ 陈昌凤. 中美新闻教育传承与流变 [M]. 北京：中国广播电视出版社，2006：224.

目前已有的研究大多是对这些知名院校新闻学专业本科生和研究生的课程设置、教材体系、教学科研成果，以及教师队伍建设等方面进行分析研究，总结其经验。

二、当前我国新闻教育面临的问题

在新闻教育活动中，高校新闻院系机构承担着制定教育目标、确定教育内容、选择教育方法，以及设计整体教育程序等责任。然而新媒体的发展，使得高校新闻教育面临前所未有的挑战。

目前国内的学者对我国新闻教育所面临的困境主要是从以下几个方面进行探究：

一是教育资源匮乏，这主要体现在教学资金投入较少、硬件设施落后、教学实践资源欠缺等方面。

二是师资力量不足。无论是从教师的总体数量，还是从新闻教育的实践经验来讲，都已经基本上不能满足现代的新闻教育需求，我国对新闻教育的从业者只注重其学历的高低，一般高校都要求教师具有博士学位，而忽视新闻实践的能力。另一方面由于我国高校的各种评估制度，一些高校在教师资源的引进上更重视学历职称、学术成果等方面，但新闻专业具有极强的实践性，需要有实践经验的媒体人员。

三是我国的新闻教育模式还是以"应试教育"为主。这使得学生一直处于被动接受的状态，这样的教学模式培养出来的学生不仅形成了懒惰的心理，而且完全缺乏积极的动手能力。另一方面，学校对学生的评价制度也在一定程度上扼杀了学生的创造性和个性。以成绩的高低来评判学生的"优劣"，这本身就是一种片面的评判标准，每个人都有自己更为擅长的一面。这种评判标准从心理学角度来讲，在某种程度上会对学生的心理产生极大的影响，打击学生的积极性。

我国新闻教育所面临的困境是多方面的，但这三个方面比较具有代表性。研究者们从宏观视角进行探析，通过深入的调查及分析，总结我国新闻教育在发展过程中所面临的问题与困境，为我国新闻教育的发展提供了参考。

（一）缺乏系统的理论学习

纵观我国的新闻教育历程，可以发现三个明显的特点：一是新闻教育围绕传统报学进行；二是新闻教育的目的是为国内新闻传播机构输送人才；三是教学内容和方法先套用欧美后倒向苏联，缺乏对本国国情的考察。中国的新闻教育办学初期主要仿照美国，以培养应用型人才为目标，因此容易陷入两个误区：一是受西方"学徒制"思维的影响，认为新闻工作不需要正规系统的高等专业教育，通过短时间内的专业培训即可上岗，或先上岗再训练；二是过分强调应用性，在教学中侧重于专业实际操作培训[1]，缺乏系统的理论学习，导致新闻专业的学生缺乏逻辑思维能力、分析判断能力，影响专业操作水准的提升。对于现阶段的新闻教育，首先要坚持马克思主义新闻观，坚定理想信念，做新闻舆论工作，政治导向不能有偏差。其次，整个新闻传播教育一定要和业界对接，和时代对接。新闻教育要进步，它就必须对接时代。

（二）缺乏充足的实践设备支持

我国新闻教育在培养目标上、课程设置上重视培养应用型人才，但仍被诟病和新闻实

---

[1] 倪宁. 试析我国新闻教育的流变及其启示 [J]. 新闻大学, 2002（2）：90-94.

践脱节，最明显的表现就是新闻教育手段更新慢、硬件设施得不到及时升级，这与我国对新闻教育的资金投入不足有关。许多新闻院系给新闻专业的学生配备的专业器材已经老化甚至不能使用，学校仍然没有及时更换。虽然开设了实践课，但是学生并没有学到相应知识，课程如同虚设。① 名牌大学及重点大学获得国家资金支持多，这方面问题还不严重，专业院校（师范、理工、财经类）以及民办院校的新闻专业在硬件设备无法更新的问题上比较突出。

（三）缺乏完备的人文学科底蕴

刘海贵在《论中国新闻教育的危机与转机》中提到新闻教育需要复合型人才，各媒体单位对新闻院系培养的学生主要的看法是敏感性和工作适应性强，但后劲普遍不足，写小而浅的消息、通讯可以，写大而深的调查、评论则不行。② 这说明不仅要重视对新闻专业学生的专业学科教育，更要重视人文学科教育。③ 1872年，怀特·里德在纽约大学发表演讲《新闻学校》，强调人文教育应优先于实践技能培养，此后美国新闻教育课程设置都沿袭了这一思路（辛欣，2012）。美国大学新闻学院开设了法律知识、社会学、人类学、政治学等相关课程，以及具体的研究型课程，比如加州伯克利大学新闻学院的旧金山文化历史、伊拉克战争报道等。这些都有助于提高学生分析新闻事件、评析新闻报道手法、探究新闻背景的能力。④

（四）缺乏平衡的师资结构

这表现在四个方面：

1. 现在学校过分要求高学历，博士、博士后，一些大学进人条件趋向"唯博士化"。院系在教师遴选上过分看重学历和研究成果，而忽视了教师的新闻与传播实践。⑤ "从学校到学校"的经历也使高学历教师脱离新闻实务，导致在具体教学中理论研究与新闻实践的脱节。

2. 新闻类教师的学科背景单一，绝大多数都是新闻专业的毕业生，基础课教学零散且缺乏系统。例如，绝大多数新闻教育工作者不懂政治学、经济学，缺乏对于时政新闻、经济新闻人才的培养。

3. 教学方法滞后。这个情况主要表现在一些传统的授课方式需要改进，教师对着课件照本宣科的方式调动不了学生的学习兴趣，新型的慕课、网络课程等正在一些新闻院系如火如荼地开展，但是还有很多新闻院系并没有意识到这个问题，即使在授课中也较少开展案例式和讨论式教学，翻转课堂的想法无法实现，在传统授课方式下学生无法通过调动自主性获得更真实的学习。

4. 缺乏青年教师，新闻教育的后劲不足。一些历史比较悠久的院系，出现教师队伍老化的现象，年轻的教师队伍不能满足教学需求。

（五）招生规模与就业存在矛盾

截至2015年底，我国共有681所高校开设了新闻传播学类相关专业，7个专业布点数

---

① 刘海贵. 论中国新闻教育的危机与转机 [J]. 新闻大学，2001 (4)：88-91.
② 刘海贵. 论中国新闻教育的危机与转机 [J]. 新闻大学，2001 (4)：88-91.
③ 龙伟. 中、美新闻学本科高等教育比较研究 [D]. 暨南大学，2013.
④ 辛欣. 美国新闻教育思想的源流与发展 [J]. 现代传播，2012 (2)：120-123.
⑤ 倪宁. 我国新闻教育的发展及其特点 [J]. 国际新闻界，2000 (5)：11-14.

达到 1 244 个，在校本科生约 23 万人。① 各地各校过高估计中国新闻事业的发展速度，过分看好新闻传播这个热门专业，造成专业开设一哄而起，招生规模盲目扩大。② 目前媒体用人市场却呈现饱和状态，传统媒体的新闻人才需求量是呈现降低趋势的，主要通过新媒体和其他行业加以支撑，虽然短时间内会有大量岗位，但是从长远来看，仍然是供大于求的局面。

（六）学校与媒体的共建尚未形成

国外的新闻媒体与新闻传播院系基本都建立了合作机制，教师、学生与记者、编辑可以双向流动，各取所需，有利于培养更为全面的新闻人才。中国的部分新闻院系与本地媒体有一定的联系，但是联系的密切程度和持续时间有待提升。现实情况是新闻院系与媒体之间互动不频繁，新闻媒体忙于新闻报道，对新闻教育事业关注不多。新闻学毕业生基数大，媒体在挑选毕业生时也会择优录取，这与上一点提到的供需矛盾突出是分不开的。

---

① 胡正荣，冷爽. 新闻传播学类学生就业现状及难点 [EB/OL]. 新闻战线，(2016-06-24) [2017-11-08]. http://news.xinhuanet.com/newmedia/2016-06/24/c_135463575.htm.
② 刘海贵. 论中国新闻教育的危机与转机 [J]. 新闻大学，2001 (4)：88-91.

# 第四章 新媒体背景下的美国新闻教育

美国的新闻教育自诞生之日起,就一直是全世界新闻教育的领头羊。① 本章以美国名牌新闻传播院系为例,对其课程设置和教学特点进行考察,重点研究这些院系在新媒体冲击下的新闻教育应对措施,以期对我国的新闻教育发展有所启示。具体研究的新闻院系包括哥伦比亚大学新闻学院、密苏里大学新闻学院、威斯康星大学麦迪逊分校新闻与大众传播学院、西北大学麦迪尔新闻传播学院、雪城大学公共传播学院以及圣·克劳德大众传播系等。

第一节 美国新闻教育概况

美国约有3 600所大学,其中公立大学有近1 700所。王海燕在《什么因素铸就了美国强国地位》中陈述道:"美国的平均教育水准极高,联合国的经济指数调查中将美国的教育水准列为世界第一。"②通过美国新闻与大众传播专业资格审查委员会核定的新闻学教育项目有113个(不包括博士项目),遍布全美。美国排名前100的学校当中,开设有新闻专业或者传播专业新闻方向的学校约有40所。大城市发达的通讯酝酿着新闻的发展,如商科专业一样,美国新闻专业的圣地仍集中于东西部大城市的院校,这些学校新闻资源最为丰富,专业开设比较综合,有许多细分方向,能真正实现专业化。

一、美国著名的新闻院系举隅

美国有许多著名的新闻院系,比如哥伦比亚大学新闻学院、密苏里大学新闻学院、威斯康星大学麦迪逊分校新闻与大众传播学院、西北大学麦迪尔新闻传播学院、北卡罗来纳大学新闻与大众传媒学院、南加州大学安纳堡传播学院、印第安纳大学伯明顿分校新闻学院等。其中,哥伦比亚大学新闻学院被称为美国常春藤盟校中唯一的新闻学院,是全美乃至全世界最优秀的新闻学院之一,至今已有逾百年历史,其所颁发的普利策新闻奖是世

---

① 陈昌凤. 中美新闻教育传承与流变[M]. 北京:中国广播电视出版社,2006:8.
② 王海燕. 什么因素铸就了美国强国地位[N]. 学习时报,2013-03-25(02).

新闻界最高奖（普利策奖一直是新闻业的标杆，影响力十分深远）[①]；密苏里大学新闻学院是美国第一个开设新闻学硕士课程与博士学位课程的大学，课程大多是以研究为主，比较注重学生在新闻采访和写作技巧方面的培养，每年的毕业生在就业率和起薪方面都遥遥领先于美国大多数高校，其培养的新闻学子活跃于美国乃至世界各大主流媒体；威斯康星大学麦迪逊分校新闻与大众传播学院是美国第一所开设电子编辑和制作专业的大学，被誉为美国最古老和最优秀的新闻学院之一[②]；佛罗里达大学新闻与传播学院属于标准的"二合一"体制[③]，与其他世界一流的新闻学院不同，该校的新闻与传播学院自设立之日起至发展为世界一流新闻学院，仅用了不到50年的时间；俄亥俄大学新闻学院的办学特色是小班教学，与欧洲、中东和亚洲等20多个国家和地区签署了学生实践学习项目（在过去的35年中，学校安排200多名学生到世界各地实习）；加州大学伯克利分校新闻学研究生院设有美国唯一一个两年制的新闻硕士学位，也是加州公立大学系统中唯一一个具有研究生级新闻课程的学校，其调查性报道计划定期为国家媒体制作获奖报道，具体的专业方向包括新媒体、图片新闻、环境新闻学、都市新闻学等。[④]

除以上新闻学院外，美国还有很多在新闻教育方面较为突出的新闻院系，如纽约大学的新闻专业以商务和经济报道为主，教学尤其注重采访技巧、新闻播报等实用性方面，在商业新闻报道领域有很强的权威性。此外，以文科著名的雪城大学虽然在全美排名50左右，但该校传媒学院的师资力量雄厚，教学实验室设置、新媒体课程开设等方面都值得借鉴。

二、美国新闻院系的专业方向和学生就业方向

（一）美国新闻院系的专业方向

美国新闻专业的发展处于比较细化的阶段，伴随着传播技术的发展，新闻专业呈现出许多新的特点：信息量大、信息深度大、传播途径多。美国很多高校均设有新闻学专业，学生可以随时申请，课程富有创造力，强调从兴趣出发、从实践出发。不同院系新闻专业的培养目标、培养方式各有侧重，有的只是开设传统的课程；有的学校新闻专业已经细化到各个领域的知识。

按照媒介的分类，美国新闻院系基本分为纸媒（Print）、广播电视（Broadcast）和网络媒体（Online）三个专业方向。其中，纸媒即传统的报纸、杂志类，学生需要学习的就是新闻采集、写作和编辑。广播电视专业方向的学生除了学习一般的新闻采集、写作编辑之外，还需要掌握数码视频的拍摄、新闻的制作、后期加工方面的技能。现在，无线电广播类型已较为过时，根据UC Berkeley学校的描述，目前使用无线电广播的用户越来越少，更多的是使用网络媒体的用户。网络媒体专业的学生不仅需要处理文字信息，还需要处理音频、视频、图像等信息。因此，为了将信息加工制作成合适的新闻产品，美国新闻

[①] 吴旭. 美国的"十大新闻传播学院"[J]. 对外传播，2009（12）：57-59.
[②] 2018 Best Colleges. College Rankings and Data. US News Education [EB/OL]. [2018-01-18]. https://www.us-news.com/best-colleges.
[③] 吴旭. 美国的"十大新闻传播学院"[J]. 对外传播，2009（12）：57-59.
[④] UC Berkeley Graduate School of Journalism, [EB/OL]. (2018-12-26) [2019-05-04]. https://journalism.berkeley.edu/about/.

院系在这方面的课程设置上除了注重培养学生在写作、报道和编辑方面的能力外,还为学生提供网络制作方面的培训,有些学校甚至开设课程让学生学习高级的视听工具、互动图像和动画编辑工具并借助各种数字平台进行具体操作。这三个类别通常会涉及的核心课程如下:新闻写作(News Writing)、新闻编辑(News Editing)、新闻报道(News Reporting)、新闻伦理(Journalism Ethnics)、大众传媒法规及职业道德(Mass Communication Law and Ethics)等。

据 US News 大学排名(《美国新闻和世界报道》发布的对美国大学和世界大学的排名)对美国新闻教育的介绍,"以上这些课程大致可以分为三个方面:第一个方面是新闻专业的介绍,或者说是新闻概况以及相关背景文化知识的学习;第二个方面是新闻技术上的东西,即新闻写作、报道以及生产等,主要是训练学生在这个领域的基本功;第三个方面则涉及新闻理想、道德等层面的东西,可以说是新闻的灵魂,培养的是真正意义上的新闻人,某种程度上,人们对这方面的理解程度及采取的态度可以反映出其在新闻领域所具备的素质"①。

美国部分新闻院系除设有新闻学专业外,还设有传播学专业、公共关系专业和广告学专业。传播学跟新闻学有着很密切的联系,但又有所区别。传播学专业与很多学科密切相关。与美国更注重实践的新闻学相比,传播学更为注重与理论相关的研究,需要掌握一些必要的研究方法,尤其是定量研究方法。美国公共关系学专业的学生也需要学习传播学的研究方法和理论教育,掌握一些基本的研究技巧,同时有针对性地选修管理学、广告学、营销、社会学、心理学等方面的课程,课程总体上以职业为导向,突出实用性。广告学专业的课程内容也较为丰富且实用性强,重视学生实践技能的培养。

(二)美国新闻院系的学生就业方向

传媒行业是当今世界增长最快的行业,美国是全球传媒领域的"超级大国",有四大商业性广播网(ABC、CBS、MBC、NBC)。《美国新闻与世界报道》认为美国的新闻专业是比较热门的专业,"报纸、电视、网络、多媒体行业、广播电视、政府公关部门新闻发言人、影视制作公司都对新闻专业毕业生有很大的需求。新闻专业学生是传媒业的主力军,熟谙传媒业的产品、能运用传媒业中的最新技术,且该专业课程设置的主要目的便是培养学生对媒体的思维和行动能力"②。新闻专业毕业生有着比较广阔的就业方向,包括传媒行业、广告行业、公共关系行业,还有一些新兴行业。传媒行业既有报纸、杂志,也有广播电视媒体、互联网媒体和传媒公司。学生通常有诸多不错的选择,比如 *New York Times*、*Washington Post*、VOA、CNN 等知名新闻机构。所从事的岗位可以是记者、编辑等,这主要取决于学生的申请方向或侧重点,有的可能会去类似于财经、环境等具体新闻报道题材领域工作。

传播学、公共关系学以及广告学这三个专业的毕业生就业方向更为广阔。传播学专业的毕业生也有很大一部分从事新闻工作,选择报社、杂志等媒体,也可以从事营销、品牌策划、广告设计、广告执行、咨询服务等工作。公共关系学专业的学生毕业后或从事企业形象塑造工作,辅助公司营销方案的实施,或从事各类组织的公共关系工作,如政府组

---

① 2018 Best Colleges. College Rankings and Data. US News Education [EB/OL]. [2018-01-18]. https://www.usnews.com/best-colleges.

② 2018 Best Colleges. College Rankings and Data. US News Education [EB/OL]. [2018-01-18]. https://www.usnews.com/best-colleges.

织、教育机构、医疗福利机构、社区、文化交流组织和 NGO 组织，同时，还可以到出版社、电视台等机构工作；广告学专业的毕业生倾向于去各类媒体工作，包括报社、杂志社、电视台、广播台、网站等。当今社会，越来越多的公司自主开展企业产品宣传、企业形象塑造和公关危机应对，亟须传播学、公共关系和广告学方面的人才，由此拓宽了这些专业毕业生的就业路径。而且近几年电视和网络的受众面越来越广，其广告份额也越来越高，这也刺激了这些行业对广告人才的需求。

随着新媒体的发展，一些新兴的职业方向逐渐成为新闻院系毕业生的选择，主要包括新闻发布和创作表演两大类别。其中，新闻发布类主要是摄影、编辑、数码编辑、音效处理、互动游戏设计、光盘媒体制作、网络设计等；而创作表演类主要是导演、编辑等。这些工作对技术和创意都有较高的要求。

第二节 美国部分新闻院系的新闻教育现状

本研究选取了美国哥伦比亚大学新闻学院、密苏里大学新闻学院、威斯康星大学麦迪逊分校新闻与大众传播学院、西北大学麦迪尔新闻传播学院、纽约大学新闻与大众传播学院、雪城大学纽豪斯公共传播学院和圣·克劳德州立大学大众传播系作为重点考察对象，对其新媒体课程设置、教学特点加以研究，以总结其在新闻教育方面的经验。

一、哥伦比亚大学新闻学院的新闻教育

哥伦比亚大学新闻学院，于 1912 年由报业巨头约瑟夫·普利策（Joseph Pulitzer）出资建立，是世界上领先的新闻学院之一[①]，其每年颁布的普利策奖，已成为美国新闻界的风向标。哥伦比亚大学新闻学院以重视实践作为自己的教育传统，着力培养学生的实际新闻业务能力。[②] 肖飞（2012）在《新闻学实践教学的多元化结构分析》一文中总结了哥伦比亚大学新闻学院对人才培养的要求："第一，学生必须学会写作和报道的基本技巧和框架，包括写各种新闻及深度报道时分析和整合信息的技巧；第二，学生应该具备应付新形势的智力、能力，必须学会像记者那样去思考；第三，学生应该熟悉新闻行业的变动情况：谁是最杰出的？他们有什么贡献？新闻业现状与趋势怎样？谁/哪里在引领着行业的发展？第四，学生应该了解和认同的职业道德标准有哪些？"[③] 另外，哥伦比亚大学新闻学院是一所只有研究生教育而不设本科教育的研究生学院，学院把招收全球各国最优秀的学生作为保障大学教育质量的基础。

（一）哥伦比亚大学新闻学院的课程设置

哥伦比亚大学新闻学院涉及的研究领域也颇广，方向多达 12 个，分别是艺术与文化、音频、广播、商业、数据、纪录、国际、调查、多媒体、政治、科学、写作。随着媒介形态的多元化与数字化发展，该学院进行了大规模的课程转型，开设了多个新媒体课程。

---

① 邵静. 美国新闻传播学教育的现状、趋势与启示 [J]. 新闻大学，2017（8）：132-152.
② 李存颉. 国外高校新闻传播人才培养对我国的启示 [J]. 新闻传播，2013（2）：81.
③ 肖飞. 新闻学实践教学的多元化结构分析 [J]. 教育教学论坛，2012（10）：61-62.

本研究选取了其中与新媒体相关的部分课程，如表4-1所示。

表4-1 美国哥伦比亚大学新闻学院部分多媒体课程①

研究领域	课程设置（中文）	课程设置（英文）
数据新闻 (Data Journalism)	算法	Algorithms
	数据与数据库	Data & Databases
	数据	Data
	金融运动报道	Covering Campaign Finance
	数据专业化研讨会	Data Specialization Workshop
	数据可视化	Data Visualization
	数据、计算、创新研讨会	Data, Computation, Innovation Workshop
	计算机基础	Foundations of Computing
	国际新闻编辑室	International Newsroom
	计算新闻	Journalistic Computing
	报道的策略技术	Tactical Technology for Reporting
	跨国数据调查	Using Data to Investigate Across Borders
调查性新闻 (Investigative Journalism)	金融运动报道	Financial Campaign Reporting
	性别迁移：妇女和女孩越过边界的强化课程	Gendering Migration: An Intensive Course on Women and Girls Crossing Borders
	调查项目	Investigative Project
	记者调查技巧	Investigative Techniques for Journalists
	例行调查研讨课	Stabile Investigative Seminar
	跨国数据调查	Using Data to Investigate Across Borders
多媒体 (Multimedia)	音频I	Audio I
	城市新闻编辑室	City Newsroom
	数据可视化	Data Visualization
	国际新闻编辑室	International Newsroom
	多平台设计和讲故事	Multi-Platform Design & Storytelling
	可视化讲故事	Visual Storytelling
国际新闻 (International Journalism)	中国研讨会	China Seminar
	国际报道	International Reporting
	跨国数据调查	Using Data to Investigate Across Borders
写作 (Writing)	观念新闻学	Journalism of Ideas
	详细的数字：记忆项目	Longform Digital: The Memory Project
	21世纪新闻编辑室管理	the 21st-Century Newsroom Management
	给耳朵讲故事	Storytelling for the Ear
	新闻报道的艺术	The Art of the Profile
	社会断层的叙事新闻学	The Narrative Journalism of Social Fault Lines
	视频新闻编辑室	Video Newsroom

哥伦比亚大学新闻学院越来越突出数据新闻课程的作用。在其主要的研究生培养项目（理学硕士学位课程、文学硕士学位课程、双学位课程、案例中心课程）中，数据新闻教学逐渐占据课程的主要内容。同时，该学院还开设了TOW数据新闻中心以及LEDE项目课

---

① 哥伦比亚大学官网 [DB/OL]. [2017-12-28]. https://www.columbia.edu/.

程，为学生提供计算机数据基础知识和数据新闻技能①，将计算机科学和新闻学紧密结合起来。

理学硕士学位课程（M. S. Program）分为必修课程和选修课程两部分，旨在培养学生批判性思考新闻事实的能力和数据新闻处理能力，具体课程安排如表 4-2 所示。文学硕士学位课程（M. A. Program）需要学生研究和完成具有内涵的高质量新闻。课程目的是培养学生收集资料、分析资料，并在短时间内完成高水平长篇报道的能力。文学硕士学位虽然偏向文字信息的收集及分析，但目前在课程模块中也加入了数据新闻教学。② 哥大新闻学院的双学位课程包括新闻和业务、新闻与计算机科学、新闻与国际公共事务、新闻与法律、新闻与宗教五大类，新闻与计算机科学是其中比重较大的课程。

表 4-2　哥伦比亚大学新闻学院理学硕士学位课程③

必修课程				选修课程 （任选一项）
新闻报道课程	短期课程	模块课程	研讨会	
数据新闻实操课程 新闻采访	法律 商业 新闻伦理 新闻史	文字 图像 声音 视频 数据可视化 受众与数据新闻	国家事务报告 新闻数据可视化	数据新闻 调查性新闻中心 纪录片项目

2007 年 2 月，哥伦比亚大学的案例研究项目课程启动。陈积银和杨廉（2016）在《哥大新闻学院数据新闻教学的解读与借鉴》中对该课程进行了介绍："该课程旨在创新新闻的教学方式，使学生模拟进入新闻实战，成为研究使用和发布新闻的领导者，培养学生具备新闻行业领导者的思维。"④ 例如，在本课程的教学实践中，教师曾以业界运用数据技术揭露腐败调查报道的具体操作为课程案例，让学生们在案例分析中掌握相关知识。该案例主要讲述阿塞拜疆的调查记者伊斯梅利亚（Khadija Ismayilove）所进行的为期三年的阿塞拜疆电信公司所有权调查。伊斯梅利亚初步发现阿塞拜疆总统阿利耶夫的女儿们秘密拥有该国最大移动通信公司 Azerfonde 的股权，但进一步挖掘，她却毫无头绪。苏格兰网页抓取程序员 Huiginn 得知她的困境，利用应用程序（investigative Dashboard）对调查报道所需的大量数据和信息进行分析、收集和解释，帮助她完成了调查。这个案例突显了数据技术在调查性报道中所起的作用，案例课程包括采访伊斯梅利亚和她的同事在有组织的犯罪和腐败报道中如何利用数据技术帮助新闻调查。其交互、讨论的学习方式，让学生自主分析实践案例，学习案例中的报道者如何利用数据技术解决新闻报道中遇到的棘手难题。

Tow 数据新闻中心主要针对数据新闻领域进行教学方法和课程的研究，旨在讨论数据新闻发展面临的问题，并提出相应对策。Tow 数据新闻中心也为计算机和新闻双学位硕士生开设数据新闻领域最前沿课程。⑤ 部分课程如表 4-3 所示：

---

① 陈积银，杨廉 . 哥大新闻学院数据新闻教学的解读与借鉴［J］. 新闻大学，2016（10）：126-152.
② 陈积银，杨廉 . 哥大新闻学院数据新闻教学的解读与借鉴［J］. 新闻大学，2016（10）：126-152.
③ 哥伦比亚大学官网［DB/OL］.［2017-12-29］. https：//www.columbia.edu/.
④ 哥伦比亚大学官网［DB/OL］.［2017-12-29］. https：//www.columbia.edu/.
⑤ 陈积银，杨廉 . 哥大新闻学院数据新闻教学的解读与借鉴［J］. 新闻大学，2016（10）：126-152.

表 4-3 哥伦比亚大学新闻学院计算机新闻学专业部分课程名称与课程内容[①]

课程名称	课程内容
基础知识	了解计算机科学和新闻的交叉点；讲授数据的概念。
计算机技术	了解数据挖掘、语言处理、机器学习、可视化以及数据算法。
文本分析	学习基本的文本分析技术，探讨一些被广泛运用的算法，比如搜索引擎。
信息筛选算法	了解信息筛选在新闻报道中的地位，以 Newsblaster（一款由哥伦比亚大学开发，类似 Google News 的新闻综合系统）为例，学习如何用纯粹算法进行信息筛选。
社交筛选	学习利用社交信息筛选和新闻传播工具 Twitter，帮助记者找到信息来源。
混合筛选、推荐和对话	学习利用机器算法研究个人喜好，例如 Google Web Search。
可视化	介绍可视化如何帮助人们理解信息。
新闻可视化表达	研究如何将数据、知识进行可视化呈现。
网络分析	学习情报网络分析的基本技术和算法。
从数据得出结论	对所有数据通过统计、智能分析之后，从数据得出结论，并验证是否正确。
算法的信度	学习如何判断算法。
隐私、安全和审查	探讨怎样建立数据隐私安全计划。
追踪信息	结合社交网络中的技术，研究怎样追踪信息。例如，信息是如何在网络生态系统中流动的？话题在社交网络中是怎样传播的？

LEDE 项目课程主要涵盖数据收集、分析和呈现等与新媒体相关的内容。帮助学生在数字人文、社会科学和数据叙事选择发展他们的技能。课程安排如表 4-4 所示：

表 4-4 LEDE 项目课程安排[②]

课程名称	课程内容
计算机基础	介绍计算机技术和数据；学生学习编写小程序，掌握 Python 脚本语言；处理文本和图像。
数据和数据库	学生学习利用计算机搜集、发布和访问数据。
算法	算法是计算机处理的核心，学习写作、发布算法和代码。
平台研究	主要研究数据和技术之间的关系；学生需发挥创造性思维、理解数据、代码和算法。

（二）哥伦比亚大学新闻教学特点分析

1. 教学风格以新闻业务为核心，紧跟时代脉搏

在教学过程中，哥伦比亚大学新闻学院在兼顾传播理论研究的基础上，十分重视对学生新闻实务能力的培养，致力于培养传媒业的精英人才[③]，因而形成了以新闻业务为核心的教学风格。在教授这些课程时，力求让学生在真操实练中掌握课程的内容。同时，学院配备了最先进实验设备的各种工作室，致力于提升学生在采、写、编方面的新闻业务素养。不过，与我们想象的有所不同，哥伦比亚大学新闻学院让学生参与到报纸、广播、电

[①] 哥伦比亚大学官网 [DB/OL]. [2017-12-29]. https：//www.columbia.edu/.
[②] 哥伦比亚大学官网 [DB/OL]. [2017-12-29]. https：//www.columbia.edu/.
[③] 邵静. 美国新闻传播学教育的现状、趋势与启示 [J]. 新闻大学，2017（4）：132-152.

视等传媒活动中去并不以实践为主要目的,而是让他们获取更多的机会去直接接触新闻前沿,掌握大数据时代下数据新闻传播方式,培养最紧跟时代脉搏的新闻人才,与其数据新闻为中心的课程设置体系一脉相承。

2."专业+其他"的双学位人才培养机制

为了拓宽学生的综合能力,哥伦比亚大学新闻学院的硕士研究生还可选修双学位,比如新闻与计算机科学学位、新闻学与国际公共事务学位、新闻学与法律学位、新闻学与营销学位等。可以说,哥伦比亚大学特别强调在诸多领域中的"专业化",以此作为对不断强调新闻生产和发行的一个有力补充。值得一提的是,哥伦比亚大学新闻学院学生的国际化程度很高,学生们来自近50个国家,有不同的文化背景。学生们不仅可以亲自报道"多样化"的纽约或其他城市的新闻,还有机会和来自世界各地的教师、校友和领袖们见面,在多样化、国际化的环境中被培养为诸多新闻精英人才①,哥伦比亚大学新闻学院专注培养研究生,重视精英专业化,提倡多样化教学的院系设置。此外,哥伦比亚大学的团体培训课程也十分有特色,其目的是帮助专业记者丰富他们在商业、经济和管理方面的知识,招生对象是那些在报纸、杂志、在线新闻机构、广播电视等各种媒体拥有至少四年工作经验的全职从业者,②使他们在新闻学的基础上增加另一门专业知识,以适应专门领域的新闻工作。

3.搭建学生媒体与校园组织的学生实践平台

哥伦比亚大学新闻学院的学生媒体十分有特色。《布朗克斯节奏》(*The Bronx Beat*)是一份由学院的学生在教师的帮助和指导下负责写作、报道和摄影的社区小报,每周出刊一次③,发行量大约有6 000份,是其在学生实践办报方面的典型代表。每周报纸还会送给美国一些媒体机构,这对于拓展学生的工作能力大有好处。同时,哥伦比亚大学新闻学院成立有"哥伦比亚新闻中心",定期出版刊物,详细分析国内外政治经济发展状况及重大新闻资讯,并将学生的实践成果推送给美国各大新闻机构。学院还出版发行了颇具盛名的《哥伦比亚新闻评论》(*Columbia Journalism Review*),这份双月刊杂志早在1961年就成立了,由专业记者和新闻学院的学生执笔,提供报道、分析以及评论。为了适应媒体新形式的发展,现在《哥伦比亚新闻评论》已经开设了电子版。此外,学院还专门开设了一个展示学生作品的网站,学生的摄影作品、新闻报道作品、电视短片等都可以上传到该网站。另外,为了保证教师能够对每一个学生进行细致的指导,哥伦比亚大学新闻学院的课堂主要采用小班模式。根据学生具体的学习情况与学习进度,学院老师对相应的教学安排进行实时测评与调试,包括具体的课程设计和学术需求等。

二、密苏里大学新闻学院的新闻教育

密苏里大学新闻学院是世界上第一所新闻学院,也是在美国最被认可的新闻学院之一,该学院可以说是大多数新闻工作者和传播学者耳熟能详的学院,且一直与中国新闻界保持着密切以及高水平的合作交流关系。密苏里大学更是美国名记者的摇篮,该学院的毕业生几乎包揽了美国各大新闻报奖的头等奖项,其校友遍布世界各地大大小小的新闻行业

---

① 邵静. 美国新闻传播学教育的现状、趋势与启示[J]. 新闻大学, 2017 (4): 132-152.
② 吴信训, 张咏华, 沈荟. 国际新闻传播名校教育镜鉴[M]. 上海: 上海三联书店, 2010: 85.
③ 蔡雯. 如何加强学界与业界的联系与合作——对美国新闻教育改革的调查及思考[J]. 中国记者, 2005 (8): 26.

公司。密苏里大学新闻学院涵盖传统新闻媒体、新兴网络媒体、战略媒体传播、传播理论、政治传播等。

（一）密苏里大学新闻学院的课程设置

课程是一个学院人才培养的灵魂。新闻教育作为一个专业性极强的学科，如何利用大学教育来培养出符合不同需求的新闻人才，平衡通识教育与专业教育的关系，密苏里新闻学院"务实创新"的做法值得借鉴。

新闻学的核心课程是各专业方向的专业课程，其余的课程均为通识课程。可见，通识课程占据了本科教育的绝大部分，这也与学院创始人沃尔特·威廉姆斯强调人文教育的理念相吻合。沃尔特·威廉姆斯曾说："既然将新闻确立为专业，它就既不能不强调通识、整体的文化教育，也不能偏废了实践经验所能赋予的训练，新的教育方式就是将专业课程和一定数量的经过精心选择的学术课程结合起来。"这一传统仍保持至今，即使随着时代的发展，学院也没因此而削弱人文课程和基础课程。反倒为应对时代的发展，学院通过不断的创新和改进，调整了通识课程的设置，丰富了基础课程的内容。如在媒介融合的新形势下，学院要求教师们在授课时融入新媒体和媒介融合的概念。如新闻写作课，以往以报纸新闻写作为核心授课内容，但为适应时代的发展，便需要融合网络写作、新媒体写作方面的内容。这些做法都体现了这所百年新闻学院既保持传统又与日俱进的办学特色。学生在完成通识课程和新闻学核心课程的学习后，可修读自己兴趣领域的专业课程。

新闻学院学科设置广泛，主要分为新闻、新闻编辑、广播、广告、摄影、杂志六个方向。每个专业还分出许多小的分支。不同专业方向的学生所要修读的专业课程有明确的规定。每个"专业方向"都有一套独一无二的"课程菜单"，从学分要求到选课范围，学院都有不同的安排，课程设置上比较注重学生在新闻采访能力和写作技巧方面的培养，新媒体课程较为丰富。

本研究选取了密苏里大学新闻学院开设的与新媒体相关的部分课程，如表 4-5 所示：

表 4-5　美国密苏里大学新闻学院部分多媒体课程①

专业方向	课程设置（中文）	课程设置（英文）
企业新闻 （跨学科） Entrepreneurial Journalism (Interdisciplinary)	计算机辅助报道	Computer-Assisted Reporting
	跨平台的全球新闻	Global News Across Platforms
	发展的媒体商业模式	Changing Media Business Models
	高级全球融合新闻	Advanced Global Converged News
	网络用户开发	Online Audience Development
	广播电视新闻高级互联网应用	Advanced Internet Applications for Radio/TV News
	媒体管理与领导	Media Management and Leadership
调查新闻学 （跨学科） Investigative Journalism (Interdisciplinary)	网络用户开发	Online Audience Development

---

① 密苏里大学官网 [DB/OL]. [2018-01-17]. https://missouri.edu/.

续表

专业方向	课程设置（中文）	课程设置（英文）
多媒体制作（跨学科）Multimedia Producing (Interdisciplinary)	计算机辅助报道	Computer-Assisted Reporting
	信息图表	Information Graphics
	跨平台全球新闻报道	Global News Across Platforms
	互联网法律	Internet Law
	高级全球融合新闻	Advanced Global Converged News
	网络用户开发	Online Audience Development
	广播电视新闻高级互联网应用	Advanced Internet Applications for Radio/TV News
	媒体管理与领导	Media Management and Leadership
杂志编辑 Magazine Editing	跨平台杂志	Magazines Across Platforms
	多媒体的可视化编辑	Visual Editing for Multimedia
	参与式新闻报道	Participatory Journalism
杂志出版与管理 Magazine Publishing and Management	跨平台杂志	Magazines Across Platforms
	多媒体规划与设计	Multimedia Planning and Design
	参与式新闻报道	Participatory Journalism
	互联网法律	Internet Law
战略传播：数字化战略 Strategic Communication: Digital Strategy	媒体销售战略沟通管理	Media Sales Management of Strategic Communication
战略沟通：视频讲故事 Strategic Communication: Video Storytelling	战略传播体育制作	Strategic Communication Sports Productions
可视化编辑和管理 Visual Editing and Management	照片和视觉编辑	Photo and Visual Editing
新闻报道 News Reporting	新闻编辑概述	Introduction to News Editing
	融合媒体报道	Convergence Reporting
	融合编辑与制作	Convergence Editing and Producing
	计算机辅助报道	Computer-Assisted Reporting
	融合媒体报道、编辑和营销	Reporting, Editing and Marketing of Converged Media
	信息图表使用	Using Info-graphics
	信息图表	Information Graphics
	视觉传达	Visual Communications
	互联网法律	Internet Law
	网络用户开发	Online Audience Development
新闻摄影 Photojournalism	融合媒体报道	Convergence Reporting
	多媒体视觉编辑	Visual Editing for Multimedia
	多媒体规划设计	Multimedia Planning and Design
	视觉传达	Visual Communication
	电子新闻摄影	Electronic Photojournalism
	照片和视觉编辑	Photo and Visual Editing
广播电视制作 Radio-Television Producing	广播电视新闻高级互联网应用	Advanced Internet Applications for Radio/TV News

续表

专业方向	课程设置（中文）	课程设置（英文）
广播电视制作 Radio-Television Producing	高级广播报道	Advanced Broadcast Reporting
	计算机辅助报道	Computer-Assisted Reporting
	视觉传达	Visual Communications
	多媒体视觉编辑	Visual Editing for Multimedia
	互联网法律	Internet Law
	融合媒体报道	Convergence Reporting
	融合编辑与制作	Convergence Editing and Producing
	网络用户开发	Online Audience Development
广播电视报道和主播 Radio-Television Reporting and Anchoring	广播电视新闻高级互联网应用	Advanced Internet Applications for Radio/TV News
	媒体管理与领导力	Media Management and Leadership
	多媒体视觉编辑	Visual Editing for Multimedia
	计算机辅助报道	Computer-Assisted Reporting
	视觉传达	Visual Communications
	融合媒体报道	Convergence Reporting
	融合编辑与制作	Convergence Editing and Producing
	网络用户开发	Online Audience Development
广播电视体育新闻 Radio-Television Sports Journalism	多媒体体育新闻	Multimedia Sports Journalism
	广播电视新闻高级互联网应用	Advanced Internet Applications for Radio/TV News
	视觉传达	Visual Communications
广播电视调查新闻学 Radio-Television Investigative Journalism	计算机辅助报道	Computer-Assisted Reporting
	媒体管理与领导力	Media Management and Leadership
	信息图表使用	Using Info-graphics
	故事和图形制作	Mapping for Stories and Graphics
	视觉传达	Visual Communications
科学、健康与环境新闻 Science, Health and Environmental Journalism	融合媒体报道	Convergence Reporting
	融合编辑与制作	Convergence Editing and Producing
	融合媒体报道、编辑和营销	Reporting, Editing and Marketing of Converged Media
	计算机辅助报道	Computer-Assisted Reporting
体育新闻 Sports Journalism	融合媒体报道	Convergence Reporting
	融合编辑与制作	Convergence Editing and Producing
	多媒体体育新闻	Multimedia Sports Journalism
	融合媒体报道、编辑和营销	Reporting, Editing and Marketing of Converged Media
	故事和图形制作	Mapping for Stories and Graphics
	视觉传达	Visual Communications
摄影学（融合新闻） Photojournalism Convergence （Interdisciplinary）	计算机辅助报道	Computer-Assisted Reporting
	多媒体规划与设计	Multimedia Planning and Design
	视觉传达	Visual Communications
	多媒体视觉编辑	Visual Editing for Multimedia
	电子新闻摄影	Electronic Photojournalism
	互联网法律	Internet Law

续表

专业方向	课程设置（中文）	课程设置（英文）
摄影学（融合新闻） Photojournalism Convergence (Interdisciplinary)	高级全球融合新闻	Advanced Global Converged News
	网络用户开发	Online Audience Development
	图片和视觉编辑	Photo and Visual Editing
	广播电视新闻高级互联网应用	Advanced Internet Applications for Radio/TV News
融合广播报道/生产 （跨学科） Convergence Radio Reporting/ Producing (Interdisciplinary)	计算机辅助报道	Computer-Assisted Reporting
	多媒体规划与设计	Multimedia Planning and Design
	多媒体视觉编辑	Visual Editing for Multimedia
	跨平台的全球新闻	Global News Across Platforms
	互联网法律	Internet Law
	高级全球融合新闻	Advanced Global Converged News
	广播电视新闻高级互联网应用	Advanced Internet Applications for Radio/TV News
	网络用户开发	Online Audience Development
融合电视报道 （跨学科） Convergence Television Reporting (Interdisciplinary)	计算机辅助报道	Computer-Assisted Reporting
	多媒体规划与设计	Multimedia Planning and Design
	多媒体视觉编辑	Visual Editing for Multimedia
	国际问题报道	International Issues Reporting
	跨平台的全球新闻	Global News Across Platforms
	互联网法律	Internet Law
	高级全球融合新闻	Advanced Global Converged News
	网络用户开发	Online Audience Development
	广播电视新闻高级互联网应用	Advanced Internet Applications for Radio/TV News
数据新闻学（跨学科） Data Journalism (Interdisciplinary)	图表使用	Using Info-graphics
	视觉传达	Visual Communications
	面对信息控制	Confronting Controls on Information
设计 Design	故事和图形制作	Mapping for Stories and Graphics
	视觉传达	Visual Communications
	新闻摄影的基础	Fundamentals of Photojournalism
	电子新闻	Electronic Photojournalism
	图片和视觉编辑	Photo and Visual Editing
新兴媒体 （跨学科） Emerging Media (Interdisciplinary)	设计基础	Fundamentals of Design
	计算机辅助报道	Computer-Assisted Reporting
	基于团队的移动设备应用开发	Team-Based Mobile Device Application Development
	新闻业的新兴技术	Emerging Technologies in Journalism
	跨平台杂志	Magazines Across Platforms
	视觉传达	Visual Communications
	多媒体视觉编辑	Visual Editing for Multimedia
	新闻摄影基础	Fundamentals of Photojournalism
	互联网法律	Internet Law
	高级全球融合新闻	Advanced Global Converged News
	广播电视新闻高级互联网应用	Advanced Internet Applications for Radio/TV News

以下对密苏里大学新闻学院的专业方向进行阐述，根据传统的专业类别进行简单介绍。

1. 融合新闻专业：注重培养学生的多媒体化叙事能力

2005年，密苏里大学新闻学院在人才培养模式中增设"媒介融合"专业，成为世界上首个开设媒介融合专业方向的大学。一般而言，融合新闻专业是各国新闻院系在媒介融合浪潮下对创新式人才培养模式的积极探索，以培养学生的多媒体化叙事能力为中心，其课程体系包含三个核心的融合课程：融合报道、融合编辑与制作以及最重要的融合报道、编辑与市场营销。通过系列课程的学习，学生将了解到：什么是新闻融合编辑室？怎样寻找新闻来源并与新闻素材提供者保持良好的互动关系？如何制作多元化新闻，吸引受众？在新闻编辑室实践平台中，学生可提供自己的选题和作品，然后老师与学生围绕选题对象、标题设计、故事来源等展开讨论，由浅入深，逐步延伸至新媒体语境下如何利用网络优势进行新闻标题的设计与制作，明确如何在媒体机构中做好一个中层管理者等话题，让学生在话题互动中获得全面认知。

当今，技术把持下的媒介融合已是大势所趋，不仅重塑着媒介生态，还深刻影响着高等院校新闻传播学专业的人才培养模式。面对新的媒体生态，为拓宽学生的媒介适应面并提升学生的媒介适应能力，密苏里大学新闻学院在融合新闻专业设有五个不同方向的课程，分别是融合新闻专业方向、多媒体制作方向、融合新闻摄影专业方向、融合广播报道专业方向、融合电视报道专业方向。这些专业方向开设的课程大致相似，如表4-5所示，学生可依据自身兴趣修习相应的专业。具体而言，融合新闻专业方向以"课堂＋实践"模式为特色，除了常规的课堂教学，学生还可与业界新闻记者合作，进行相应的新闻内容生产、网站和应用程序开发。多媒体制作方向旨在培养学生利用多媒体介质进行内容规划与制作方面的能力，为传统/网络新闻编辑室、非传统新闻机构和其他新兴媒体领域输送传媒人才。融合新闻摄影专业方向的显著特色是以摄影或视觉媒介进行信息表达，因此，该专业在课程设置上比较偏向于纪实摄影、灯光和演播厅技术、静止和移动图像的照片编辑等方面的知识传授，同时兼顾提升学生在视觉传达、图形/视频和多媒体管理方面的理解力和鉴赏力。

融合广播报道和融合电视报道这两个专业方向在课程设置与培养模式上有许多相似之处。首先，为营造逼真的工作氛围，两者所开设的课程均包含相当范围的报道类课程和生产管理类课程，课程设置整体呈现"传统＋新媒体"特征，即除了传统的广播电视类课程，课程体系还融入了更多的新媒体元素，打破了专业壁垒，实现不同元素和不同方向的整合。例如融合广播报道专业方向开设了多媒体规划与设计课程，教学大纲就涵盖了网页设计的基础知识，具体包括故事设计、导航、信息架构、可用性研究等内容；融合电视报道专业方向则设有网络新闻学等多媒体课程，以此作为传统课程的补充，培养融媒时代的复合型人才。其次，两者均注重专业人才教育模式的创新，探索了以"理论＋实践"为核心的人才培养新格局，在课堂知识和业务实践之间搭建桥梁。例如，融合广播专业为学生将来从事媒体管理提供丰富的培训机会，而融合电视报道专业则设有各类新闻专业实习环节，让学生在真操实练中提升专业技能。

2. 传统新闻专业方向：基础课程与融合课程"双管齐下"

面对席卷媒体市场的媒介融合大潮，密苏里大学新闻学院始终秉持首任院长沃尔特·威廉姆斯对新闻专业教育的理念，既坚持新闻的专业性，又体现与新的时代背景接轨的相融性，在人才培养、专业设置、课程体系安排方面进行了相应的战略性调整。在传统的新闻专业方面，密苏里大学新闻学院设有新闻专业、编辑专业、广播电视专业、新闻摄影专业四个方向，每一专业方向包含许多小分支，以基础课程与融合课程"双管齐下"的理念培养融媒时代的复合型新闻人才。

传统的新闻专业教育仅局限于新闻的采编、制作等与新闻生产相关的知识传授，学生仅掌握某一媒介领域的专业知识，知识结构欠缺广度和层次性。新的传播生态通常意味着新的信息传播方式与传播特点。当今，数字技术的迅猛发展打破了传统媒体对渠道的垄断，进而对传统的新闻专业教育提出了新的挑战。以往的"一专"人才难以适应融媒时代的新要求，未来的传媒业更需要媒介适应面广的交叉学科型人才。

打破专业的壁垒，培养"新闻＋"式复合型人才成为密苏里大学新闻教育的发展思路。实现专业和知识的整合，培养"新闻＋"式复合型人才是密苏里大学新闻学院在数字化浪潮下对传统新闻专业教育的积极探索。密苏里大学新闻学院的新闻专业涵盖了数据新闻学、调查新闻、新闻报道、体育新闻、企业新闻五个研究领域，虽在课程设置上仍保持一贯的传统专业特色，但致力于打破学科界限以实现新闻学与其他学科的知识融合是其在新的传媒生态下对融媒人才培养的应对之策。例如，数据新闻学专业主要传授学生利用数据讲述故事和在数字平台上传播信息方面的知识与技能，因此尤为强调学生数据素养和数据分析能力的培养。除此之外，打造"新闻＋"型人才也是该专业方向人才培养的重要尝试，如"新闻＋会计""新闻＋法律"等。相比其他专业，调查新闻专业方向的教学模式带有更多的传统新闻专业教育的"影子"，授课重点仍是如何进行调查性报道以开展有效的社会监督，创新之处在于较为重视数据分析方法的使用。同时，网络用户开发课程的开设让学生得以借助在线网站平台提升计算机辅助报道、调查报道方面的技能。值得一提的是，该专业还鼓励学生依据自身兴趣进行跨学科学习，如医疗保健、宗教领域等，进行交叉学科教学。

新闻报道专业方向在为学生提供各种风格、各种平台的报道和写作机会外，还为学生搭建多媒体化报道、编辑平台，让学生从学习和理论两个层面学习融合媒体业务并提升数据素养。另外，该专业十分注重培养学生的信息可视化能力，学生需学会利用各种先进的软件系统制作各式信息图形，对枯燥乏味的信息进行立体化诠释。比如，该专业方向与当地日报进行合作，让学生在报社的具体实践中将社区新闻、体育新闻和其他日常生活信息等进行图形可视化操作。值得一提的是，为提升学生的法律素养，该专业也设有互联网法律等必要的法律课程，重点讲授如何防范使用电子邮件、电子商务和浏览网页时出现的风险，以及如何利用法律保护自身的利益，防范在新媒体报道、传播中出现的法律问题等方面的知识内容。

体育新闻专业方向和企业新闻专业方向在教学实践上存在相似之处，除了设有与本领域相关的专业课程外，学生还可以选择相关的融合新闻课程，以提升学生在新媒体时代下进行融合新闻报道的能力。例如，体育新闻专业的学生可在特定的重点领域（融合新闻、杂志新闻、印刷和数字新闻）中选择一门核心课程，然后再选修融合媒体报道、融合编辑与制作、多媒体体育新闻、视觉传达等融合新闻课程来提升报道技能；企业新闻专业方向除了设有发展的媒体商业模式、媒体管理与领导等专业课程，还开设了计算机辅助报道、高级全球融合新闻、网络用户开发等融合新闻课程，让那些去非传统的新闻机构工作、开创自己的企业或者从事自由职业的学生可以了解当前的新闻市场状况和受众需求，也可以研究生产内容的市场性，评估自己生产的产品的市场价值，以及如何建立自己的品牌并进行营销。

总体而言，以基础课程为主导，辅以融合新闻课程，是密苏里大学新闻学院在传统新闻专业上呈现的鲜明特色。

除了新闻报道专业方向，密苏里大学新闻学院的其他传统新闻专业也注重课堂教育与教学实践的相辅相成。新闻教学如何在数字时代大背景下既保持传统新闻专业教育的核心内核又融入新的传播理念，是各国高等院校在探索新式新闻教育时的重中之重。面对新媒体时代对传统新闻专业教育的冲击，密苏里大学新闻学院并不盲目减弱对新闻学专业课程的重视程度，一味唯"数字"是论，而是按照新兴媒体的未来发展态势，将课堂教育与新闻实践相结合，进行相应的专业课程设置、师资力量分配方面的数字化教学调整。

密苏里大学新闻学院在编辑专业、广播电视专业和新闻摄影专业上的融媒体化课程变革也值得我国高校借鉴与学习。

密苏里大学新闻学院的编辑专业下设报纸编辑、可视化编辑和管理两大方向，两者在课程设置上均融入了新媒体方面的元素，为学生搭建"教学＋实践"两大学习平台。首先，在课程设置方面，报纸编辑方向的学生以"宏观＋微观"能力的培养为基础，学生除了要学习宏观编辑的实际操作经验，如写作和分配故事、写作装饰字体、协调摄影和艺术、与设计师合作、事实查证、对所有阶段的印刷出版物和在线产品进行校对和后续追踪等，还需关注微观编辑的细节，如文法、风格、句法和用法，具体包括跨平台杂志等课程。相比之下，可视化编辑和管理方向的学生则较为注重对报纸、杂志和在线出版物的图片编辑和视觉呈现方面的技能，课程包括照片和视觉编辑等。其次，在实践平台搭建方面，报纸编辑方向注重开展行业分析、创新技术和交互平台研究，让学生可以探索杂志的制作方法、印刷媒体与网络媒体互动、移动媒体支持和 iPad 应用程序的构建，并在 *Vox* 杂志担任数字编辑进行实践学习；可视化编辑和管理方向的学生则可在《哥伦比亚密苏里人》担任照片编辑和多媒体编辑，在真操实练中扎实基础，提升专业素养。

密苏里大学新闻学院的广播电视专业主要分为三个方向，即广播电视制作专业方向、广播电视报道和主持方向、广播电视体育新闻方向和广播电视调查新闻专业方向，三者在融媒课程改革以及学生专业实践上均表现出色。以广播电视制作专业方向、广播电视报道和主持方向为例，其广播电视新闻高级互联网应用课程将 KOMU-TV／KBIA 无线电万维网新闻服务先进的互联网理论研究和出版技术相结合，讲授生产与管理方面的知识；媒体管理与领导课程也结合技术的巨大变化和媒体在融合技术中的作用，讲授最新的管理方法、领导技巧以及实践范例；高级广播报道课程讲授如何使用先进的生产技术进行广播电视的深度报道和编辑，以及在 KOMU-TV 或 KBIA 从事采访、写作、有效使用音频或录像的实战经验；多媒体视觉编辑课程通过在线视觉新闻的编辑、制作和商业模式实践来学习多媒体讲故事的方式。其他两个专业方向在课程安排上则较为强化新媒体技术和互联网思维，如广播电视体育新闻方向的多媒体体育新闻课程教授学生在日常区域网站或者广播电台利用融合媒体报道相关的体育运动，积累报道体育比赛和新闻故事的经验，同时，学生需掌握一定的社交媒体技术和社区宣传方法，在相关的媒体平台上进行体育新闻报道。而广播电视调查新闻专业方向的课程设置整体上呈现数字化、多媒体化特征，强调如何运用互联网技术进行辅助报道，并在报道中进行数据挖掘与分析，以提高学生的调查报道技能，为今后学生成为调查记者奠定基础。

新闻摄影专业设置了新闻摄影史、新闻摄影理论和技能的相关课程，核心是让学生了解图像的力量，掌握包括新技术在内的所有技术的演示。因此，学生需要学习集成的多媒体项目，将音频、视频和照片融合到令人信服的视觉故事讲述项目中去。教学安排主要包括静态图像、动态图像、音频的制作、印刷图像、在线图像编辑和设计的原则和实践，开设的课程主要涉及融合媒体报道、多媒体视觉编辑、多媒体规划设计、视觉传达、电子新闻摄影、照片和视觉编辑等。

除了上述的传统新闻专业外，其他专业和专业方向在进行融媒体化教学改革实践中亦十分成功。例如数字化战略专业方向、战略沟通与视频讲故事方向等，这些专业具有浓郁的新媒体特色。其中，数字化战略专业方向旨在让学生了解新媒体在创意、媒体经验、公共关系等方面的战略和应用，涉及搜索引擎营销、内容策略、社交媒体、移动媒体、电子邮件的广告分析和内容优化等，设置了媒体销售、战略沟通管理等课程。视频讲故事方向的课程主要包括战略传播体育制作，以创建视频内容为重点，旨在维系与合作伙伴、体育组织（如 Mizzou 网络和 SEC 网络）的良好合作关系。课程强调分层讲故事，将包括微型工作室在内（如手机和平板电脑）的各种生产资源进行搭配，相关视频在社交媒体、网络、互动多媒体等多平台演示，学生在实践中收获具体的知识和技能。一些有吸引力和影响力的学生原创视频内容被红牛、GoPro、耐克、苹果和 Purina 等跨国品牌所使用。另外，杂志出版与管理方向增设了多媒体规划与设计课程、互联网法律课程，而设计专业方向的学生则可在《哥伦比亚密苏里人》和 Vox 杂志编辑部两大实践平台收获丰富的实践经验，为他们成为信息和清晰的视觉传播者搭建桥梁。

（二）密苏里大学新闻教学特点分析

随着媒体形式的不断丰富，"密苏里方法"的核心内涵不变，密苏里新闻学院逐渐扩大实践平台，媒介形态的发展变革致使学院的媒体实践平台也一直在融合创新。现在，密苏里大学新闻学院已经由最初的一家报纸发展成为杂志、电台、电视台、网络等多媒体互动共赢的发展格局。从上述密苏里新闻学院的课程设置可以了解：

第一，所有专业方向和课程与新媒体结合紧密，除了融合新闻专业，传统的新闻专业、编辑专业、广播电视专业等也无一例外地开设了诸多新媒体相关课程，彻底往媒介融合方向发展；第二，实践教学得到了落实和保障，学生有多种实践平台，也有大量的与媒体接触的机会，所以学生从学习到就业自然过渡，不会有较大的距离和落差；第三，各专业在核心课程开设的基础上基本上都要开设计算机辅助报道、多媒体规划与设计、信息图表、视觉传达、参与式新闻、互联网法律、图片和视觉编辑、高级广播电视新闻互联网应用、媒体管理与领导等课程，可以集中教师优势突出重点课程。

"密苏里新闻学院的核心教学模式就是久负盛名的'密苏里方法'——学习新闻和广告最好的方式是通过实践学习。这个方法之所以能在密苏里新闻学院取得成功，其原因在于：第一，该学院拥有全美最庞大的新闻教师队伍；第二，学院坐落于一个人口约 10 万的哥伦比亚小城，学生采访社区新闻相对比在大城市容易很多。"[①]

"密苏里方法"主要体现在课程设置、师资队伍建设和学生学习三个方面。同时，根据三个阶段学习目标、学习重难点的不同，密苏里大学新闻学院又赋予了"密苏里方法"不同层面的内涵及要求，具体分析如下：

---

① 武志勇，李由. 密苏里大学新闻学院的教育理念与教学模式 [J]. 新闻大学，2009（4）：12-15.

1. 教学内容与特色

密苏里大学新闻学院的媒体融合课程并不是对电视、报纸、杂志、广播的一个"大杂烩",而是积极探索迥异于传统的授课内容,逐渐树立学科的特质。就媒体融合报道、融合编辑与制作这两门核心课程而言,没有对应的教材可循。教师主要围绕以下几个方面展开"融合报道"的教学:

(1) 营造社交型媒体(social media)的学习与实践氛围

在媒体融合的课堂上,教师不仅讲解社交型媒体一般社会功能,还着重分析其新闻信息传播功能,并大力倡导学生以具备专业精神和融合技能的公民记者的身份,使用、体验各类媒体,成为各类社交型媒体中的积极活动者和舆论领袖。学生在社交型媒体上发布的内容和产生的影响,也被视为课程成绩的参考因素。除此之外,该校的课程安排较好地实现了对新媒体新闻工具的使用,侧重于新媒体环境下对网络搜索引擎、网络数据库及各种可应用型工具的学习。例如,教师仅是对 Google 这一常见的搜索工具的讲解就用了一个课时,详细介绍了如何利用其高级搜索功能快速查找、筛选、定位网络上的公共资源,包括各级政府网站、各类官方网站、各类专业数据库、各种特定格式的文档等;还用几个课时介绍了如何利用网络收集电视媒体的收视率数据、各大网站的点击率数据,以及如何绘制新闻地图(news map)等,形形色色的网站和功能的介绍可在短时间内迅速增强学生搜索、利用信息的能力。

(2) 专业素养培养依然是教学重心

该部分内容主要涉及两方面的内容:采访技巧与拓展训练、新闻摄影/像的基本技巧。其中,采访技巧与拓展训练在整个课程体系中至少占有八个课时,除了对采访规则和注意事项的一般介绍,其课堂实践与教学设计也值得一谈。比如在一次采访课上,教师要求学生两人一组,围绕一根香蕉提出自己所不知道的"关于香蕉"的任何问题,一轮之后将自己那组的问题与另外一组的对比,将大致相同的问题划掉,这时有些组的学生保留高达46个问题。当然教学设计的重点并不仅在于此,教师继续要求将问题进行归类处理,明晰采访思路,然后随机抽取学生提出最想问的问题,再由全体学生讨论针对这一问题涉及哪些采访对象,去哪里寻求答案。这样,农业部门、高校的农业学院、农业科学家、香蕉种植员甚至运输工等不同的社会系统和成员都会被发散式思维"激活",构成一条生动的"报道链"。这种实战演练式的授课技巧可以说是密苏里新闻学院的一种惯用方式,也是值得我们的新闻教育特别借鉴的地方。另外,在新闻摄影、新闻摄像的基本技巧方面,教师并非以讲解技术操作要领为重点,而是从实际经验出发,强调在新闻报道时的注意事项,比如新闻摄影对细节的把握和发现,新闻摄像中对人物采访时背景的选择,强烈光线的规避,以及多用固定镜头等技巧。

(3) 互动式教学打破传统僵化的灌输式授课模式

互动式教学主要体现在三方面:主题教学、案例分析优化和专题学习与指导。其中,主题教学主要分三个单元:新闻图片在个人媒体、网络、报纸媒体中的不同应用;视频新闻报道技巧;什么是成功的广播新闻报道。另外,在案例分析教学模式中,在对一些新闻作品进行分析时,教师要求学生不但要指出作品好的创意有哪些,还要指出其不足是什么,并假设如果由自己来负责会有哪些改进。这些互动式的探讨归结到最后就是给学生加强"什么算是一个好的新闻故事"的认知。他们特别强调"批判式思维"的运用和折中的实用主义,让学生不断探索优化的新闻报道技巧的同时,避免掉入理想主义的陷阱。对这种平衡性的把握，就在一次次头脑风暴中培养与形成。再次，在专题学习与指导方面，比如针对当前突发事件频发，教师设计了一个关于战争、灾难类新闻报道的指导专题，内容涉及自身安全，采访设计，镜头、语言选择，人文情怀等方面。[①] 除此之外，密苏里大学新闻学院还开设了与实践相关联的内容，如邀请记者或专家来学校讲座，大家一起对新闻道德与伦理观念进行探讨，对媒体融合发展趋势进行讨论。

由上可见，密大媒体融合教学有着清晰明确的定位，其课程始终是强调新媒体时代要在网络环境下做新闻，但不是仅仅针对网络媒体做网络新闻，而是做在线新闻（online journalism）。"在线"变为视频、音频、图像和文字新闻融合的场景，新闻的采、写、编、拍、录都要求在线流程化操作。可以看出，不论是将社交型媒体列入教学内容与实践，还是教授学生利用计算机辅助报道（computer-assisted reporting），都充分体现了这一教学特色。相应地，在教学方式、专业课结构特点上，王建磊也做了相应的介绍。

2. 教学方式与安排

在美国，媒体融合教育有四种模式（Auma、Lillie，2008）：一是团队协调模式（Team-coordinated Models）。在这种模式中，虽然课程被分散给若干个教师带领，但每部分之间相互连接或通过共同项目建立连接关系，这种合作带给教师较高的教学自主权。二是联合学习团队（Federated Learning Communities）。在此模式中，以一人为主讲者，其他成员负责讲授分散知识点，主讲者最后整合所有的知识点。三是协调学习模式（Coordinated Studies Model）。这是最注重合作性的一个模式，教员根据课程安排及教授内容等方面协调与合作，有时会同时出现在课堂上，这种高水平的合作与协调性最需要花费教师的时间和精力，但同时增强了学生的经验。四是团队分散模式（Team-dispersed Model）。在此模式中，教师每周与学生进行两至三次会面，但只有第一次以团队方式出现。在每周的第二或第三次会面时，教师会根据学生的专业需要进行分批式教学，由不同教师负责指导不同领域的学生，学生通过团队项目进行专业互补，教师则在每次团队会面时互相学习教学理念、技能和方法。密苏里大学媒体融合课程的教学方法属于第三种——协调学习模式。这种教学方式所强调的高度合作和协调性既体现在教师与教师、教师与业界专家之间的搭配，也体现在教师与学生之间的互动和学生与学生之间的合作。主要有以下几个特点：

首先，整个教学团队构成"3＋N"组合：系主任 Lynda、编辑出身的 Karen Mitchell 副教授和摄影记者出身的 Jim Macmillan 三人作为稳定的教师团队，以常态共同出现在课堂上，并按照个人专长和课程内容主题决定每节课的主讲，其他教师则做有益补充，主要讲授理论知识。

其次，密苏里大学新闻学院因为与业界有非常密切的关系，还几乎支撑了 KBIA 广播电台、KOMU 电视台和《密苏里人报》等专业媒体的运作，所以课堂上也经常请来第一线的人员给学生讲述实践所需的经验，形成实践与理论的有益互补。"N"就代表来自其他专业领域的教师或业界的专家，几乎每周都会安排一个课时的讲座（利用上课时间）。他们所讲授的内容也是与教学安排相统一的，与教师所讲的主题形成呼应。

再次，教师与学生之间的互动在融合教育的课堂上表现得尤为突出，启发、提问、激励是教师惯用的手段，而学生的踊跃发言、积极思考则来自从小学、中学就得以培养的优

---

① 王建磊.密苏里大学新闻学院媒体融合教育考察记[J].新闻记者，2010（6）：39-43.

良传统。在某种程度上，教师的作用更在于开展好组织教学，真正的知识是需要学生课下付出努力去自学的。

最后，学生为了在这两门课程中取得好的成绩，更需要通力合作。因为在课程一开始，教师就将参加"融合报道"课程的学生每3~4人分为一个小组，再从参加"融合编辑与制作"课程的学生中选出一人作为其项目主管。他们要一起经历从选题、采访前准备、联系采访对象、拍摄到后期制作的整个流程，最后将课程作业（新闻作品）以小组名义提交上来。其中"融合报道"小组主要负责新闻制作，项目主管主要起到监督与督促作用。由于一切都要在一周时间内完成，所以每个人必须各司其职、各负其责，以保证按时提交作品。① 综上所述，教师发挥自己的专长，专家注入鲜活的想法，加上学生的努力和相互合作，从而保证了这种教学模式对学生综合能力的促进与提升。

3. 密苏里大学新闻传播学专业课程结构的特点

（1）通识教育涉猎范围广，呈现"大学科"特点

美国新闻传播类院校较为重视学生广博的知识面和对各种交叉学科的学习，所以无论是人文科学、自然科学，还是社会科学知识，都鼓励学生进行学习。密苏里大学也鼓励学生入学后先进行"大学科"学习，扩大知识面，主要是上一些通识课程，所以在低年级阶段，专业的分化并不明显，随着学生兴趣的发展和知识的积累，再逐渐过渡到专业学习中去，选择最想深造的专业方向集中学习。这样的课程结构基本上在一开始就打破了专业的界限，学生入学之后有一个缓冲期，在对各个学科有较为清楚的认识之后进行选择，增加了他们学习的热情。近几年我国的一些新闻院系也逐渐采用了这样的方式。

密苏里大学新闻学院的教学理念主张新闻从业者应掌握丰富的知识，因此其头两年的本科阶段教学安排十分注重通识课程的开课比例。通识课程的涵盖领域十分广泛，文科、理科、艺术类都有涉及。一般来说，美国各个新闻院系的课程都有所不同，但在通识课程的设置上大体相似。这既确保了学习的深度与广度，也有利于学生在掌握新闻传播学知识的同时，了解政治、经济、社会和文化的发展，以获得更广的就业机会。②

（2）重构课程体系，实行小众化、差异化的人才培养机制

"专业'小众化'"需要学生多元兴趣的展开。因此，密苏里大学新闻学院特意为本科生开设多个"兴趣领域"，促使新闻教育多样化。除密苏里大学之外，美国其他高校的新闻教育也具有类似特点，如斯坦福大学的新闻传播学专业，课程设置方面就会安排相关专业的报道和写作课程，以及对媒体在公共事件报道中对角色理解的研究性课程。③

（3）打破通识教育与专业教育之间的界限

蔡雯在《美国新闻教育改革的经典个案（上）——对美国哥伦比亚大学新闻学院的调研报告》中提到，学生应该具备很强的专业能力，但不只是进行新闻专业素养的学习，更要和其他学院合作教学，交流学习。这样就能在尊重学生意愿的基础上，变成多元化的学习。与我国高等院校的新闻教育不同，美国学校秉持着"融合、融通"的理念协调通识教育和专业教育两者在课程设置上的关系，"专业＋通识"的大学科教学特点值得我国学习

---

① 王建磊. 密苏里大学新闻学院媒体融合教育考察记 [J]. 新闻记者，2010（6）：39-43.
② 孔煦妤. 中美新闻传播学专业本科课程设置比较研究 [D]. 复旦大学，2013.
③ 孔煦妤. 中美新闻传播学专业本科课程设置比较研究 [D]. 复旦大学，2013.

与借鉴。密苏里大学新闻学院在面对新媒体时代的诸多挑战时，不断探索与优化课程设置，在通识教育与专业教育的课程比例与安排上进行创新性融合，着力于培养适应新时代的复合型人才。具体而言，学院改变了以往呈现"泾渭分明"特征的专业课界限，除了继续培养学生在采、写、编、评等传统新闻业务能力外，课程结构方面也融入了融媒体理念，让学生掌握多层级、宽领域、跨学科的知识，比如新闻学学生进阶式学习传播学专业的知识，传播学专业则融合广告学、公共关系学、媒介经营等领域的知识，打造"大学科"式教学体系，让学生既能在专业领域"打深井"，又能在新闻学等其他领域有所涉猎。

三、威斯康星大学麦迪逊分校的新闻教育

威斯康星大学麦迪逊分校位于美国威斯康星州首府麦迪逊市，是威斯康星大学系统中最为突出的学校，是美国著名的研究性公立大学之一。《古尔曼报告》（*The Gourman Report*）把威斯康星大学麦迪逊分校排在公立大学的第三位，仅次于加州伯克莱大学和密歇根大学。本科教育质量位于美国大学的第八位。[①] 该校设有新闻与大众传播学院和传播艺术系。其新闻与大众传播学院在美国享有较高的声誉，培养了大批的新闻传播学的研究者和教育者，这些人才现在遍布美国各大新闻学院，成为各新闻学院主导的教师力量。

（一）威斯康星大学麦迪逊分校的课程设置

威斯康星大学麦迪逊分校新闻与大众传播学院开设了本科生和研究生课程。完成本科课程的学生必须在三学期内完成所有的学分要求，然后被授予文学新闻学学士（JBA）或科学新闻学学士（JBS）。学院主要设置两个专业方向：新闻报道方向和战略沟通方向。在专业方向选择上，本科学生可选择新闻报道方向、战略沟通方向作为主攻方向，也可以同时选择以上两种方向作为双轨方向进行学习。这两个专业方向能让学生对沟通交流有一个全面的认识，学到与专业方向相关的基础技能，从而在职业生涯初期不仅更具竞争力，而且更易适应各种角色，为他们的职业发展做足准备。

威斯康星大学麦迪逊新闻与大众传播学院的课程涵盖范围很广，包括新闻出版、广播电视报道、编辑、广告、多媒体等课程，学生可选择的范围较大也较齐全，课程安排按照一定的顺序进行，从不分专业方向的入门课程开始，逐渐过渡到分专业方向学习，再进入高级课程，难度层层递进，具有一定的特色。具体的课程安排如表 4-6 所示：

表 4-6　美国威斯康星大学麦迪逊分校新闻与大众传播学院主要课程设置[②]

课程顺序	课程设置（中文）	课程设置（英文）	课程名称（中文）	课程名称（英文）
第一步	入门课程	Introductory Course Work	大众传播导论	Introduction to Mass Communication
			大众传播实践	Mass Communication Practices

---

① 由古尔曼博士创建，是对美国和世界本科教育、专业、研究生教育进行评估的报告。
② 威斯康星大学麦迪逊分校官网 [DB/OL]．[2018-01-18]．https://www.wisc.edu/．

续表

课程顺序	课程设置（中文）	课程设置（英文）	课程名称（中文）	课程名称（英文）
第二步	选择课程学习路径（新闻报道方向/战略沟通方向）	Choose A Track (Reporting/Strategic Communication)	报道的原则与实践（新闻报道方向）	Principles and Practices of Reporting (Reporting)
			战略沟通的原则与实践（战略沟通方向）	Principles and Practices of Strategic Communication (Strategic Communication)
第三步	高级课程（新闻报道方向/新闻报道或战略沟通方向/战略沟通方向）	Advanced Level Courses (Reporting/Reporting or Strategic Communication/Strategic Communication)	深入报道/当代事务解读/非虚构小说/科学与环境新闻学（新闻报道方向）	In-depth Reporting/ Interpretation of Contemporary Affairs/Creative Nonfiction/ Science and Environmental Journalism (Reporting)
			多媒体图像/杂志出版/网络与广播类电子新闻（新闻报道方向或战略沟通方向）	Multimedia Graphics/Magazine Publishing/Electronic News for Web and Broadcast (Reporting or Strategic Communication)
			媒体创意信息的开发/媒体战略规划/项目规划与策略/数字媒体策略/公共关系策略（战略沟通方向）	Developing Creative Message for Media/Strategic Media Planning/Account Planning and Strategy/Digital Media Strategies/Public Relations Strategies (Strategic Communication)

根据表 4-6 可知，威斯康星大学麦迪逊分校新闻与大众传播学院的学生首先通过两门初级课程了解大众传播知识，进而依据自身兴趣从报道路线和战略沟通路线中进行自主选择，以确定其课程方案。最后的高级课程方案分为三类，学生以兴趣优先为原则，仅需从高级课程的各类别中挑选一门课程对媒体及技能进行学习与探索即可。

总体来说，威斯康星大学麦迪逊分校新闻与大众传播学院的主要课程包括大众传播导论、大众传播实践等通识课程，也包括报道原则与实践、网络与广播类电子新闻等新闻报道、战略沟通课程。其中，还开设了极具特色的新媒体课程，比如媒体创意信息的开发课程、数字媒体策略课程、多媒体图像课程。

（二）威斯康星大学新闻教学特点分析

1. 重深度

该校新闻与大众传播学院创始人威拉德·布莱耶（Willard Bleyer）强调，专业的新闻传播教育不应脱离人文教育基础，因此该校的新闻教育更重视思辨和研究，这与密苏里大学新闻学院培养实践性人才有所区别。威斯康星大学麦迪逊分校新闻与大众传播学院所培养的人才"不仅仅需要适应现代工作和工业所需，更应适应未来的大众传播的趋势，以此帮助他们成为具有批判性的、探索性的学者，同时成为明智的、参与性的公民"[①]。

"威斯康星大学麦迪逊分校新闻与大众传播学院的研究生教育以培养大学教师和专业传播者为目标，研究生有机会同学校中最多产的、引用率最高的研究者合作，成为学生研

---

① 邵静. 美国新闻传播学教育的现状、趋势与启示 [J]. 新闻大学，2017（4）：132-138.

究社区中的一员，充分进行科研训练。同时，在研究方向的选择上有较大的自由度，可以从多方面深入推进新闻传播学研究。"①

以独具特色的数字化研究来说，威斯康星大学麦迪逊分校新闻与大众传播学院是可以颁发数字化研究证书的五大院系之一，其数字化研究机构和技术比较成熟，对本校所有的本科生开放，允许学生建立自己的定制数字化课程，并可以根据自己的职业道路进行调整。该校新闻与大众传播学院的学生们通过数字化研究课程的深度学习，不仅学会了利用多种格式制作数字内容，而且还学会了评估和批判性分析所遇到的数字内容，锻炼了学生们在数字媒体环境中深入研究、深入写作、深度演示的技能。同时，数字化研究课程的开设与数字化研究证书的颁发，引发学生对数字媒体如何广泛改变人类体验的深度思考，与威斯康星大学麦迪逊分校新闻与大众传播学院追求思辨和深入研究的目标不谋而合。

2. 重广度

为了让学生能熟练掌握各项新闻传播报道技能，进而在就业选择上拥有更多的话语权，威斯康星大学麦迪逊分校新闻与大众传播学院十分注重人才培养的深度和广度。该学院学生多样化的实习和未来就业的方向包括媒体行业（网络媒体、社交媒体网站、电视网络、杂志、广播网络等）、广告、公共关系和全方位服务行业、高等教育行业等，也可以到公司和非营利组织的内部沟通部门、医院和其他医疗机构、金融机构、立法机关、特别活动组织、专业协会、创意组织、市场营销部门等进行实践。在此基础之上，威斯康星大学麦迪逊分校新闻与大众传播学院并未在为学生积累丰富经验的路上止步，而是进一步扩大实习平台的广度，为学生提供海外实习的机会，增加学生校外活动的经历。简单来说，该学院给学生提供国外实习的实践平台，并以课程的形式对学生实习情况进行考察，学生只需要通过在线课程——全球实习计划课程②，便可进行实习反思和全球劳动中跨文化关系的学术思考，对学生而言，这种校外活动经历无疑是提升能力、增长知识广度的一大捷径。

除此之外，威斯康星大学麦迪逊分校新闻与大众传播学院还为学生组织一系列的课外传媒实践活动，内容较为丰富，以体现实践的广度。其中，学生可参与校园媒体实践，其校园媒体主要有三类：第一类，诸如美国威斯康星州《先驱报》（*The Badger Herald*）、《深红日报》（*The Daily Cardinal*）等报纸类校园媒体；第二类，诸如 *Curb* 杂志等杂志类校园媒体；第三类，诸如广告俱乐部（Ad Club）、妇女通讯协会（Association For Women In Communications）、美国公共关系学生协会（Public Relations Student Society Of America）等组织类校园媒体。③ 在社交媒体方面，学院致力于为学生开展固定社交媒体校园推广和个人设计活动，以达到实践的目的。

综上所述，威斯康星大学麦迪逊分校新闻与大众传播学院注重理论学习与实践练习的融合与发展，实现了对学生新闻专业知识和技能的培养，为新闻传播行业教育、培训了一批有思想、有活力的新闻传播专业人员，开发了一群懂技术、善传播的行业领军人才。

四、西北大学麦迪尔新闻传播学院的新闻教育

西北大学麦迪尔新闻传播学院是美国最著名的新闻学院之一，也是该校六大本科学院

---

① 邵静. 美国新闻传播学教育的现状、趋势与启示 [J]. 新闻大学, 2017 (4): 132-138.
② 威斯康星大学麦迪逊分校官网 [DB/OL]. [2018-01-18]. https://www.wisc.edu.
③ 威斯康星大学麦迪逊分校官网 [DB/OL]. [2018-01-18]. https://www.wisc.edu.

之一。自 1921 年创办以来，该校培养了一大批捧获普利策新闻奖和其他国际新闻奖的优秀学子。虽然媒体行业正经历着前所未有的变化，但麦迪尔新闻传播学院却依然一路领先。

（一）西北大学麦迪尔新闻传播学院的课程设置

西北大学的麦迪尔新闻传播学院提供新闻专业的本科教育和研究生教育。在课程设置方面，西北大学麦迪尔新闻传播学院本科生专业主要分为整合营销传播专业与新闻专业，着重培养新一代多媒体记者和整合营销传播类专业人士，以受众理解的新方式，塑造新闻领域的新景观。其中，把新闻实践、新闻驻留计划、新闻法规与新闻伦理、多媒体讲故事、现代新闻原理、报道和写作作为本科学生的核心课程，旨在向学生传授报道、编写、编辑和批判性思维的知识。另外，麦迪尔新闻传播学院还设置了各种选修课程，主要有纪录片、谷歌化的美国、健康与科学报道、国际新闻：南非、调查性新闻、网络新闻报道、移情新闻、新闻研究方法：收集和分析数字新闻时代的观众数据、领导策略、媒体设计。除了这些核心课程和选修课程之外，每个学生都可以选择新闻以外的领域进行学习，增强对政治科学、历史、经济学、外语、计算机科学等学科探索的热情，确保全方面教学，这也契合麦迪尔新闻传播学院的教学宗旨——致力于培养具有广博的人文和社会科学知识的记者和编辑。本研究选取了该学院部分新媒体课程加以研究，如表 4-7 所示：

表 4-7 美国西北大学麦迪尔新闻传播学院部分新媒体课程①

课程设置（中文）	课程设置（英文）
数字营销、社会营销与移动营销	Digital, Social and Mobile Marketing
多媒体讲故事	Multimedia Storytelling
讲故事：视频报道与拍摄	Story telling：Video Reporting, Shooting
媒体设计	Media Design
视频新闻基础	Foundations of Video Journalism
互动新闻基础	Foundations of Interactive Journalism
视觉思维与沟通	Thinking & Communicating Visually
音频报道	Audio Reporting
高级视频新闻	Advanced Video Journalism

（二）西北大学新闻教学特点分析

1. 课程设置向新媒体靠拢

通过表 4-7 可知，西北大学麦迪尔新闻传播学院课程设置具有两大特点：第一，专业方向与课程设置紧密相关，具有专业的独特性，并且往新媒体方向靠拢。比如，开设了媒体设计、多媒体讲故事、视频新闻基础、互动新闻基础等专业课程。第二，课程设置强调知识与软件操作相融合。比如，新闻学专业的课程设置包括音频报道、讲故事：视频报道与拍摄等具有全媒体软件的课程，学生如果想在此课程上达到要求，必然需要掌握该门课程涉及的相关软件使用方法。

无论是整合营销传播专业方向，还是新闻学专业方向，其课程设置都体现了知识与软件使用的结合，强调技能的发展，注重写作、报道、编辑、制作和批判性思维的培养，重视学生对多媒体工具的使用。

---

① 美国西北大学麦迪尔新闻传播学院官网 [DB/OL]. [2018-01-21]. https://www.northwestern.edu.

过去的新闻教育只是单纯地讲究新闻的采访、写作、编辑和评论，如今时代变幻莫测，对软件使用的要求大大提高。新闻学子必须力求成为全能型人才，知识储备与相应课程的软件使用均应该掌握。可见，麦迪尔新闻传播学院注重文科知识性与技术性的结合，强调文科的技术性培养。

2. 注重讲故事的能力

新闻教育中必然涉及新闻写作，一位优秀的新闻学子的"笔杆子"也应该"硬"。新闻写作是新闻教育的基础课程之一。无论是杂志报道或调查性新闻、视频新闻报道，都离不开三个字——讲故事。在眼球经济的时代，讲故事的能力表现得尤为突出。同样的新闻素材，讲故事能力的不同，会获得不一样的新闻传播效果。麦迪尔新闻传播学院在新闻学专业方向的课程设置上体现了对学生们讲故事能力的要求。比如，讲故事：互动新闻、讲故事：杂志写作与特写、讲故事：视频报道与拍摄等课程，都要求学生掌握讲故事的能力。

3. 丰富的实践活动

走出课堂，走进实习，是许多高校新闻教育的共同特点，麦迪尔新闻传播学院的新闻教育亦有此特点，强调实践，注重实习，让新闻专业的学生将新闻知识与技能在实践中"走一回"，拉近学校与社会的亲近度。具体体现在以下几方面：第一，课程与实践相结合。针对整合营销传播专业方向和新闻学专业方向，课程设置中包含统计与市场研究、沟通技巧和内容市场、新闻调查等课程。这些课程的实践性非常强，要求学生将课程与实践相结合。学生也可以加入相应的研究中心，即多媒体实验室，使课程与实践接轨。学生的实践性需要基本可以得到满足与体现。第二，注重培养新闻学生的用户服务意识，注重市场调研。因为其新闻专业与市场营销、传播学相结合，所以这方面有其他新闻院系所没有的特色，与传媒市场接轨。第三，重视学生实习。不管是整合营销传播专业还是新闻学专业，二者的课程设置中都有实习环节。学生在校期间可以通过在媒体公司或营销公司新闻实习，以获得实在的从业经验，对当前新闻学习和未来工作起到牵引作用。学生能够在全美100多家报纸、杂志、广播电台、纪录片馆、公共关系和营销公司以及美国、拉丁美洲和波斯湾的指定实习单位与专业导师一起工作，为学生提供到全美各新闻媒体机构和海外传媒机构实习的机会。①

4. 师资力量与课程设置较为完美地匹配

麦迪尔新闻传播学院的教师大多是海内外学界或者业界的资深人物，熟悉新闻媒体发展历程，在新闻传播领域从事新闻事业数十载，具有极其丰富的教学与指导经验，对引导学生在学业和业界的转换起到重要作用，培养学生的创新能力和对海外新闻事业的热情。

五、纽约大学新闻与大众传播学院的新闻教育

纽约大学新闻与大众传播学院位于美国纽约市，是一所将新闻事业视为严肃公共使命的新闻学院。该学院以新闻报道闻名，其中多以商业和经济报道为教育重点，同时纽约大学新闻与大众传播学院在商业报道领域具有很强的权威性。

（一）纽约大学新闻与大众传播学院的课程设置

纽约大学新闻与大众传播学院分为研究生院和本科生院，其中本科生院重点关注新闻

---

① 美国西北大学麦迪尔新闻传播学院官网[DB/OL]. [2018-01-21]. https://www.northwestern.edu.

专业和媒介批评专业两个方向，新闻专业的学生必须完成五门必修课程和三门选修课程，而媒介批评专业的学生必须完成六门必修课程和两门选修课程。同时，纽约大学新闻与大众传播学院的教育理念认为，新闻教育与历史、政治、文化、科学、文学、经济、现代社会与道德哲学的深入研究有着密切的相关性，因此纽约大学新闻与大众传播学院要求本科生在艺术与科学学院（文理学院）提供的学术课程中选择一门作为双学位辅修课程，"其目的并不是让学生完全深入到另一门学科里去，而是使这些未来的新闻工作者懂得如何'在其他学科中挖掘现存的知识'。"① 该校的本科新闻专业学子除了完成通识课程、技能课程与双学位辅修课程外，职业化训练课程也成为不可或缺的重要部分。

从整体来看，纽约大学新闻与大众传播学院新闻专业的学生每年的课程分为春季、夏季和秋季三大模块，媒介批评专业的学生每年的课程分为春季和秋季两大模块。本研究选取了两个专业部分新媒体课程加以研究，如表4-8所示：

表4-8 美国纽约大学新闻与大众传播学院部分新媒体课程②

课程设置（中文）	课程设置（英文）
新闻调查：多媒体	Journalistic Inquiry：Multimedia
数字新闻编辑室	Digital Newsroom
实时网络	Real Time Network
演播室20项目	Studio 20
演播室2项目	Studio 2
多媒体实况报道	Media Fact Sheet
高级报道：数据新闻报道	Advanced Reporting：Data Journalism
媒体生存报道	Media Survival Reporting
广播与多媒体融合	Broadcast，Multimedia Convergence
数字杂志	Digital Magazine
视频编辑	Video Editing
多媒体讲故事	Media Storytelling
方法和实践：可视化报道	Methods and Practice：Visual Reporting
选择性报道主题：数据新闻和调查性报道	Elective Reporting Topics：Data Journalism and Investigative Reporting
高级报道：数据新闻	Advanced Reporting：Data Journalism

纽约大学新闻与大众传播学院的新媒体课程设置较为系统化，以多媒体报道和数据新闻为主要方向，偏重学生新媒体技术的培养。

1. "数字新闻编辑室"课程

"数字新闻编辑室"是纽约大学新闻与大众传播学院的新设课程，研究生能够掌握一套全面的技能，为今后从事新闻视频事业做足准备。数字新闻编辑室是一个整体，它将扩大新闻广播的范围，满足学生的广泛需求，还将为那些热衷视频录制的学生提供新闻创业的平台机会。实际上，在新闻编辑室环境里进行训练，能让学生更好地体验日常新闻行动所带来活力、协作力，以及截稿期限压力。通过融合电视新闻和iBeat报道这两个课程，学生的报道能力和写作技巧将得到快速提升。学生采用多种新闻编辑室生产工具，能实现

---

① 赫斯科维兹，江海伦. 新闻学教育：生存还是繁荣？——来自美国新闻学院的报告[J]. 新闻记者，2011（10）：61-64.
② 美国纽约大学新闻与大众传播学院官网[DB/OL]. [2018-01-26]. https://www.nyu.edu.

视频编辑流畅性，获得关于制作新闻广播的基本知识。同时，通过彼此间的交替学习，学生将更真切地掌握实地采访、高级编辑与摄影技术、实时报道的能力。该课程还鼓励媒体交流和实践。例如，学生可在新闻采集和编辑中使用 iPhone 和其他移动设备进行操作。在课程安排里，学生将有机会被轮流安排到每个新闻编辑室的职位上。这些职位包括记者、编辑、执行制片人、导演、主持人、摄影师等。

2. "实时网络"课程

"实时网络"课程是一个多媒体课程，除了编写大量故事之外，学生还可以学习视频拍摄、图片拍摄和幻灯片创建等技能。在这门课上，学生将学到各种所需的技能，但这仅仅是练习。学生要想成为专业的实时网络新闻记者，其报道的故事和形式也要脱颖而出。这就需要各位同学彼此自由组合，共同成立一个高效的、模拟的新闻编辑室。其目标是让学生通过技能、经验合作完成这门课，这将是学生在一个正在急剧变化的行业中取得成功的关键。另外，学生可在学校的"Pavement Pieces"在线网站上传视频或故事，展示其最好的作品。

3. "演播室 20 项目"课程

"演播室 20 项目"专门用于掌握多媒体报道和制作技术。在为期 14 周的时间里，学生将拓展技能，将报道能力扩展到基础摄影、音频制作以及关键的视频制作领域。本课程不仅仅是一项学术实践课程，事实上，该课程有时更像一个真实的新闻编辑室。以纽约市作为作业区，学生将定期制作真实的视听内容。由于学生拥有自主选择媒体的权利，他们可以选择将其放在任何新闻网站或博客上。

虽然在该课程中学生能学到很多音视频拍摄、音视频制作技能，但其主要任务是学习和实践用可视化方式讲故事。学生除了在课堂设置中有讨论基础知识的机会，还可利用一定的时间观看用可视化方式讲故事的优秀例子，这可以说是一种通过观看学习而获得最好技巧的方式。

该课程学习的核心部分是充分利用视觉媒介讲述故事，以及对讲故事的方式和媒体进行准确判断。通过这个课程，学生要学会如何开发、制作、编辑、传输多媒体故事。这需要熟练掌握以下技能：第一，拍摄基本视频、获取专业音频的技能；第二，编辑视频和音频并将编码项目最终传送到各渠道的技能；第三，根据视频基本字幕来编辑、处理静态图片，并用于创建视频项目或音频幻灯片的技能；第四，对音频与视频进行特效制作的技能；第五，用音视频讲故事能力的技能；第六，制作影像进行叙事的技能。

4. "演播室 2 项目"课程

"演播室 2 项目"一直是数据新闻的一大冒险。首先需要有一个媒体合作伙伴，通常是新闻机构或现有的新闻网站，为演播室 2 项目提供新创意或与演播室 2 项目合作。学生参与该项目的各个阶段，包括背景研究、新闻生态系统分析、技术评估、设计与构想、原型设计、编辑工作流程、内容制作、测试、启动、反馈与调整、调试、迭代、评估。

5. "多媒体实况报道"课程

"多媒体实况报道"是一个为期四周的高级制作课程，旨在提升学生掌握多媒体实况报道的能力。这是一个以故事为中心的学习环境，重现真实新闻编辑室的氛围。该课程在网络直播中表现得淋漓尽致，学生有机会对模拟的故事进行现场采访并分享他们制作实况报道的经验。课程中学生与导师或同伴的常态对话有助于增强学生对视觉元素和实况报道的意识。同时，课堂讲座、实地培训、新闻筛选、激烈辩论、团队合作等形式将为学生生活和新闻制作提供宝贵的经验。

6. "新闻调查：多媒体"课程

"新闻调查：多媒体"课程对纽约大学调查性新闻学的所有本科学生开放，在课程中学生可建立自己的网站，将拍摄和制作的视频与音频故事上传。这可以说是一个锻炼学生讲故事能力、提高学生报道技巧的好机会。多媒体新闻调查可分为三个部分：为网页制作设计的音频、摄影和视频。该课程包括关于制作音频和视频实践过程的解说、课堂讨论、课外作业。同时，对多媒体报道所涉及的伦理与版权问题也将在课堂上进行探讨。

7. "高级报道：数据新闻"课程

该课程的重点是发展学生在复杂的、长篇的故事结构里的编写能力和报道能力。课程包括调查写作、主题研究与阅读、采访等内容。除了能学到与报道相关的基础知识，学生还能学到如何在数字序列中发现故事，以及掌握利用数据做分析的技巧，以此提高长篇写作与口即时报道的能力。

8. "广播与多媒体融合"课程

该课程是为高年级学生开设，主要以研讨会的形式开展，每年举办一次，课程分为研究、撰写和报道三步骤。要想获得参加该学术研讨会的机会，参课学生需荣获先进报道表彰且平均成绩达 3.65 以上，这就需要学生在第一学期选择、构思自己的论文题目，并在第二学期完成相应的研究项目。

9. "媒体生存"课程

该课程主要讲授各种新闻报道形式，如虚拟现实报道、实时微博技术、Storify（通过社会媒体如微博、视频、照片等方式叙述事件的方法）、Listicles（条例式文章）和 Charticles（文本、图像和图形的组合，主要由带有文字的图片组成）、嵌入式视频、移动应用程序、端口聚合、媒体聚合、新闻算法和新闻机器人、众包技术、实时讯息、聊天和多媒体讲解员等。

10. "多媒体讲故事"课程

该课程分为理论课、技能训练课和课堂练习三大部分，重点是掌握学习和利用可视化讲故事的基本要素，其基本要求是学习如何制作多媒体新闻。在这一课程中，学生将极大地拓展他们在基础摄影、音频制作和录像制作方面的能力。与此同时，学生将不断提升其新闻核心能力，即专注研究、采访、领会和展现重要信息的能力。

当然，这不只是一个学术活动，而是将纽约市作为任务区，定期制作真实视听内容的一种方式。由于学生拥有自己的媒体版权，他们有权把制作内容放在任何他们喜爱的新闻网站或博客上。

11. "数字杂志"课程

该课程的教学目标是让学生学习如何在微博、博客、Listicles 等不同平台上编辑杂志新闻。该门课程学习的多媒体技能包括图片的构思、拍摄、制作，以及幻灯片和视频的播放方式。同时，学生还将学习相关数字技术，如社交媒体使用学习、数字品牌化学习和数据可视化分析。

12. "视频编辑"课程

该课程针对长格式的新闻故事和纪录片故事进行视频编辑，课程内容包括讲解编辑概念与技巧、筛选长视频、解构故事方式与风格。该课程为学生集中练习视频编辑提供了机会，让他们能将课上所学的编辑技巧，高效地应用于自己制作的纪录片故事里。

(二) 纽约大学新闻教学特点分析

1. 先进的新闻教育形式

纽约大学新闻与大众传播学院新闻教育的先进性主要体现在两个方面：其一，该学院设置了阿瑟·卡特新闻研究所，它可谓是先进新闻教育形式的领导者。虽然阿瑟·卡特新闻研究所只设有一个新闻学硕士项目，但它的研究领域包括科学、健康与环境报道、商业与经济报道、文化与批判报道、纽约—多媒体报道、世界—多媒体报道、杂志撰写、新闻与纪录片、报告文学。学生们可以参加以科学、环境与卫生报道或商业与经济报道为重点的专题项目，也可以集中于国家与城市问题报道或文化报道与批评，还可以从关注全球特定地区的其他项目中进行选择性学习。此外，学生们可以专心学习最具挑战性的新闻形式，包括报告文学、纪录片、杂志写作等，同时将所使用的新闻音频和视频与网络新闻结合起来，在尝试与实验中探求新的形式。其二，推出工作室项目。学院除了给研究生提供技能培训外，还向本科生推出一种将主题教育与技能教育相结合的课程——工作室项目，即演播室 2 项目和演播室 20 项目。① 通过让学生和资深媒体人合作完成项目，学生们不仅提高了在实践发展方面的能力，而且为学习新闻学知识打下坚实基础，并熟练掌握大量新闻编辑技能，满足日后各类主题内容的新闻报道需求。

2. 重视将实践融入新闻教学

纽约大学新闻与大众传播学院强调"通过做来学习"，即认为获得新闻能力的最好方法之一就是开展新闻实践工作。一方面学院鼓励学生们尝试建立一个出版或广播工作机构，并融入多媒体技能培训，教授学生们掌握事件报道、信息处理与编辑、信息把关等方面的能力，以此作为另一门记录成绩的课程，是交互式媒体教学的体现；另一方面由于纽约大学的影响力及其地域传媒环境的优越性，学生们在纽约有机会得到许多实习和兼职的机会，成为学生们职业化训练的最佳场所。同时，新闻与大众传播学院的学子们通过将学习实践融入新闻教学中，既能掌握与新闻参与者交往的方式，又能掌握创造高质量新闻作品的关键技能，实现"做中学"的教学模式，极大地迎合了新闻市场的需求，促进了新闻业的蓬勃发展。

3. 城市新闻报道多样化、广视角

从纽约大学新闻与大众传播学院新闻教育情况来看，本学院着重培养学生报道城市新闻的能力，为此开展了多样化的城市新闻报道形式，比如纽约特色报道、纽约社区报道、中东报道、纽约报道、食在纽约：食物报道与写作、纽约风尚：时尚新闻报道、纽约商业报道、纽约电视报道、新闻报道文学：城市写作等。广阔的城市新闻报道视角，为学生技能提升打下了坚实可靠的基础，是纽约大学新闻与大众传播学院新闻教育的一大亮点。

4. 课程具有先锋特点，紧跟文化与时尚潮流

纽约大学新闻与大众传播学院新闻教育的又一大亮点集中表现在课程的独特性与先锋性上面。纽约大学新闻与大众传播学院春、夏、秋季三大模块的课程安排显示，该学院开设了书写城市课程、身体写作课程、问题与思考：对撒哈拉沙漠以南非洲地区的报道课程、新闻与社会：媒体对少数民族的报道课程、新闻与社会：妇女与媒体、新闻业与美国

---

① 美国纽约大学新闻与大众传播学院官网 [DB/OL]. [2018-1-26]. https：//www.nyu.edu.

之路课程、纽约风尚：时尚新闻报道、食在纽约：食物报道与写作课程等①，以上的课程安排在时尚与文化方面具有独特性和先锋性特点，是紧跟时尚、文化潮流的重要体现。

六、雪城大学纽豪斯公共传播学院的新闻教育

雪城大学成立于1870年，是一所历史悠久的著名私立大学。1934年雪城大学开创了美国第一家新闻学院，1964年美国传媒大亨塞缪尔·纽豪斯捐赠给雪城大学1 500万美元设立传播学院，自此，雪城大学纽豪斯公共传播学院正式成立，该学院是美国首屈一指的新闻传播学院，新闻学、视觉与表演艺术、大众传播学等一直是该学院的热门专业。②

（一）雪城大学纽豪斯公共传播学院的课程设置

雪城大学纽豪斯公共传播学院设有本科生和研究生项目，专业范围广泛，本科生阶段有广告学，广播新闻与数字新闻学，图片设计，杂志与数字新闻，电视、音频与电影等多个专业，而研究生的研究方向更为多样化，除了上述提到的专业方向外，还包括媒体与教育、音频艺术、新闻报纸与在线新闻、新媒体管理、媒体运营等。以下选取该学院开设的部分新媒体课程进行研究，见表4-9。

表4-9 美国雪城大学纽豪斯公共传播学院部分新媒体课程③

课程设置（中文）	课程设置（英文）
广播与数字新闻写作	Broadcast and Digital News Writing
广播与数字音频新闻报道	Radio and Digital Audio News Reporting
电视与数字新闻报道	Television and Digital News Reporting
多媒体讲故事	Multimedia Storytelling
电视与数字新闻生产	TV & Digital News Producing
多媒体新闻	Multimedia News
多媒体与娱乐产业管理	Multimedia and Entertainment Industry
跨媒体电影剧本创作	Cross-media Screenwriting
多媒体平台报道与写作	Multimedia Platform Reporting and Writing
网站与图片设计	Website and Graphic Design
新媒体商务	New Media Business

由表4-9可知，在数字时代下，雪城大学纽豪斯公共传播学院开设了数据新闻、多媒体报道等与新媒体相关的课程，以提升学生新媒体实践运用能力。学院对学生的技能提出了一系列明确的培养要求，具体为：第一，要掌握多媒体新闻导论相关知识，运用新媒体技术进行采编、摄影，制作专业广播节目，掌握数字音频制作技术等。第二，应拥有运用数字化手段讲故事的能力，掌握正确而清晰的写作技巧；能够应用数字摄影技术，认识到摄影图像的力量，了解视觉给读者和观众带来的心理影响与冲击，以及他们对制造刻板印象的潜力，并懂得如何以客观公正的方式呈现摄影资讯。第三，可以进行公共事务报道和商业报道，通过调查研究，在新闻和专题写作中解决问题，并且能进行计算机辅助报道合理呈现商务类新闻事件。第四，应理解和掌握多媒体制作以及网页设计的基本词汇和术

---

① 美国纽约大学新闻与大众传播学院官网 [DB/OL]. [2018-01-26]. https：//www.nyu.edu.
② 2018 Best Colleges. College Rankings and Data. US News Education [EB/OL]. [2018-01-18]. https：//www.us-news.com/best-colleges.
③ 雪城大学纽豪斯公共传播学院官网 [DB/OL]. [2019-05-05]. https：//newhouse.syr.edu.

语，有能力利用多媒体技术独立完成个人网页设计；每个学生都需要开通个人专栏和评论，能够编辑页面的设计和其他材料。第五，要掌握专业报道技巧，分析广播与数字新闻报道方法，并将其运用到新闻报道的制作中，要学会从新闻专题报道向专业问题报道自然过渡，能够运用数字化手段报道、编写、播放新闻。第六，需要掌握多媒体新闻学基础，并要求能够掌握各种类型的摄影技术，包括工作室摄影、基础数码摄影和编辑、新闻摄影等；能够巧妙运用摄影理论、精通使用摄影设备和操作软件，成为符合市场要求的多媒体人才。第七，需要掌握新媒体技术，具备相关摄影技巧，能够进行项目策划，拥有数字化讲故事的能力。

（二）雪城大学新闻教学特点分析

1. 实践活动丰富

雪城大学纽豪斯公共传播学院的学生能够通过大量的社会实践活动，获取丰富的实践经验，结合前沿的理论知识与专业训练，旨在满足学生的各种发展目标，以增加学生自身在新闻传播领域的职业发展竞争力[①]，具体表现在以下三大方面：

第一，学院设有多个实践平台，包括数字媒体中心、媒体实验室和媒体界面与网络设计实验室、雪城运动媒体中心、社交媒体中心、迪克·克拉克工作室和艾伦·格瑞媒体创新中心等。这些实践平台是雪城大学纽豪斯公共传播学院新闻传播学生向新媒体方向迈进的重要一步。

第二，学生参加社会活动的机会多、参与度高。纽豪斯公共传播学院的学生们有机会参与每年举办的SXSW的活动，并运用多媒体技术拍摄、制作完成活动现场的音视频作品，并通过自由选择将个人作品上传到网站或各大社交媒体上。除此之外，雪城大学纽豪斯公共传播学院与时尚之都洛杉矶架起了一座桥梁，让该院学生能够有机会到洛杉矶参与媒体中心项目，并进行好莱坞影视报道。

第三，学院创办了丰富的数字媒体竞赛项目。该竞赛项目创办于3月，因而被誉为"疯狂3月"。其实，"疯狂3月"项目是一场数字媒体锦标赛，主要是为雪城大学纽豪斯公共传播学院的学生们举办的项目实践活动，通过竞赛的形式，选拔学院的数字媒体卓越人才。

2. 注重与其他学校和学院联合培养学生

雪城大学纽豪斯公共传播学院重视人才与技术的全面发展，实行多学科融合发展教育模式，注重与各大名校、各大学院进行跨学科联合办学，将学生培养成具有强竞争力的复合型人才。比如，雪城大学纽豪斯公共传播学院与福克斯体育大学（FOX Sports University）联合办学，开设了体育新闻学课程；同时，雪城大学纽豪斯公共传播学院还与本校的工程与计算机科学学院（Syracuse University College of Engineering and Computer Science）联合办学，共同开设了计算新闻学课程。

3. 学生拥有较多海外学习的机会

雪城大学纽豪斯公共传播学院独有的学术优势和影响力，为新闻传播学生赢得了许多海外学习的机会，因此这也成为雪城大学纽豪斯公共传播学院新闻教育的教学亮点。比如，雪城大学与德国、丹麦、以色列等多个发达国家签订了留学生交流计划，可输送大量

---

① 雪城大学纽豪斯公共传播学院官网［DB/OL］．［2019-05-05］．https：//newhouse.syr.edu．

的新闻传播学生到海外大学接受本专业学习。① 同时,基于雪城大学纽豪斯公共传播学院启动的多个海外实习项目,仅需通过申请便可获得去迪拜、英国等多地海外项目参加实习的机会,为学生拓宽了眼界,有助于学生了解多元文化,更丰富了学生的实习阅历。

七、圣克劳德州立大学大众传播系的新闻教育

除了以上较为知名的新闻传播学院,还有一些新闻院系的新闻教育独树一帜,在新媒体的发展下拥有较为先进的办学理念,如圣克劳德州立大学大众传播系的新闻教育就采用了混合式的教学模式,值得借鉴和学习。

(一)圣克劳德州立大学大众传播系的课程设置

圣克劳德州立大学大众传播系分为多个专业方向,包括电视新闻、新闻编辑、新闻摄影、广播电视制作、广告学、公共关系等。新闻传播专业方向的课程包括大众传播导论、多媒体简介、多媒体融合和网页设计、大众传媒与社会、媒体法和新闻伦理、广播新闻写作、多媒体新闻学导论、数字时代的电视新闻、电视新闻广播和网络广播制作、数字时代的公共事务报、高级新闻摄影、公共事务报道、基础数码摄影、排版和网页设计、专业报道和特写、编辑写作、体育写作与广播、大众传媒伦理与批判性分析、大众媒体史等。课程设置之间具有相关性,也具有延续性。良好的基础课程根基,是学生学习专业课程的前提。所以该系学生在学习完基础性的核心课程之后才可以根据专业要求学习相应的专业课,比如,在学习体育写作和广播课程之前,需要学习大众传播导论和电视制作简介等课程。基础课程还包括多媒体简介、多媒体新闻学导论等新媒体方面的课程,这是其课程设置与日俱进的亮点,注重培养学生网络新闻制作和多媒体运用能力,力求将学生培养成为技术性文科人才。以下选取部分新媒体课程进行研究,见表4-10。

表4-10 美国圣克劳德州立大学大众传播系部分新媒体课程②

课程设置(中文)	课程设置(英文)
多媒体简介	Introduction to Multimedia
多媒体融合和网页设计	Multimedia Convergence and Web Design
多媒体新闻学导论	Introduction to Multimedia Journalism
电视制作导论	Introduction to Television Production
数字时代的电视新闻	Television Journalism in the Digital Age
电视新闻广播和网络广播制作	TV News Broadcast and Webcast Producing
数字时代的公共事务报道	Public Affairs Reporting in the Digital Age
基础数码摄影	Basic Digital Photography
编辑、排版与网页设计	Editing, Makeup and Web Design
电视/视频现场制作	Television/Video Field Production
电视制作	Television Production
音频制作	Audio Production

---

① 2018 Best Colleges. College Rankings and Data. US News Education [EB/OL]. [2018-01-18]. https://www.us-news.com/best-colleges.

② 圣克劳德州立大学大众传播系官网 [DB/OL]. [2019-05-08]. https://www.stcloudstate.edu.

通过以上课程的学习，学生可以了解多平台制作和网页设计的概念、原则、标准和基础，理解媒体融合与多媒体制作的理论与实践；运用网页设计技巧、动画图形实践技能，分析媒体互动的概念和基础，探索社交网络和移动通信；能够有效操作数码相机、摄像机、编辑软件等多种媒体技术，将视觉语法的概念应用于广播、电视、网络传播的有效新闻报道的撰写、拍摄和编辑；通过书面、口头和视觉方式进行有效沟通，描述多媒体通信如何影响文化和社会，能够将道德原则应用于专业多媒体实践。

圣克劳德州立大学大众新闻系要求学生除了掌握大众传媒的历史与功能、传统媒体与新媒体的技术应用等方面的知识，还要具有良好的媒介素养，能够批判性地、创造性地独立思考，遵守媒介法律法规，恪守媒介伦理，可以适应实践环境的多样性，识别和评估可靠的信息来源，发挥大众传媒对当代社会的影响。

（二）圣克劳德州立大学新闻教学特点分析

1. 传统课程与新媒体课程相结合

新媒体时代，在媒体融合的大趋势之下，新闻专业的课程设置也力求向新媒体靠拢，体现出媒体融合的特点。圣克劳德大学大众传播系的专业课程主要包括广播新闻写作、多媒体新闻学导论、数字时代的电视新闻、数字时代的公共事务报道、基础数码摄影、编辑排版和网页设计等，以数字化、网页设计等为特色①，便于学生了解传统媒体和融合媒体的新闻原则、标准和具体制作方法，与新媒体时代接轨。

2. 课程开设经过严格筛选，课程考核重视平时成绩

在圣克劳德州立大学的教学系统中，课程讲授永远是最为重要的一环，经过多年的积累，其课程设置经历了一系列严格的筛选。圣克劳德州立大学的课程开设非常严谨，"如果一位教师要开一门新课，教师先向院系的专业委员会提出申请，列出相应的教学大纲、教学计划、教学内容和教学方法。院系专业委员会进行审查，审查通过之后再报送学校的专业委员会，这个审查认证的过程一般需要一到两年的时间。"② 这导致其课程设置较为缜密，除了课程开设的必要性，还要考虑到课程的趣味性，尤其是选修课程。虽然课程经过严格筛选，但仍较为丰富，对于同一项技能学生可以选修不同课程进行不同程度地训练，如要提高写作能力，学生可以通过高级学术写作、高级公民写作、创意写作：非小说等课程进行不同程度的训练。

圣克劳德州立大学大众传播系的课程体系比较成熟，开设了 57 门专业课。每位教师每学年至少承担三门课的教学任务，并且把每门课的课程介绍、教学计划、对学生的要求和考查方式向学生说明。③ 大多数课程以平时的课程讨论、作业、练习或者工作业绩考核为主，期末笔试只占课程总成绩很小的比重。这种课程的考核方式促进了学生对平时专业技能的重视和养成，基本上消除了学生高分低能的情况。成绩较好的学生在整个学习过程中都表现比较突出，其公开发表作品的数量和质量普遍较高。④

---

① 圣克劳德州立大学大众传播系官网 [DB/OL].［2019-05-08］. https：//www.stcloudstate.edu.
② 罗自文. 关于美国新闻教育中专业技能培养的思考——以圣克劳德州立大学（St. Cloud State University）为例[J]. 国际新闻界，2007（7）：53-56.
③ 李青藜. 我所看到的美国大学新闻学教育——美国明尼苏达州立圣克劳德大学大众传播系见闻[J]. 新闻与写作，2008（10）：32-33.
④ 罗自文. 关于美国新闻教育中专业技能培养的思考——以圣克劳德州立大学（St. Cloud State University）为例[J]. 国际新闻界，2007（7）：53-56.

3. 教学任务分解化，设立学习社区

圣克劳德州立大学大众传播系在传授新闻专业技能的课程教学当中，任课教师都会根据具体情况设计教案及教学方法。譬如，教师采用任务驱动型的教学方法，首先将某一门课程的专业技能分解成若干小项，在正式讲解之前，让学生先去实践，遇到困难或出现错误之后，教师再有针对性地进行讲解。学生上课带着任务和问题，学习也更有针对性，更加投入。通过分解教学任务，可以获得良好的教学效果。

在学习社区方面，大众传播系的生活学习社区面向对大众传播领域感兴趣的一年级新生。学生住在校园宿舍里，并与该专业的其他师生互动。学习社区学生还将在大一的秋季和春季两个学期一起上两门课。参加学习社区有助于学生在未来职业生涯中的发展。学习社区向学生提供两门必修的大众传播核心课程，也保证提供所有注册学生必修的两门自由教育课程。学生上课时也可以认识新朋友。大众传播系的新闻编辑专业大一新生都有机会进入该学习社区。①

4. 教学与实务训练相结合，拥有丰富的实践平台

圣克劳德州立大学大众传播系的课程开设一边注重专业理论的培养，一边进行实务练习。教学与实训相结合，使学生在课堂上学习专业知识和技能后，可以参加校内学生组织，加入学生媒体机构，学以致用。通过将课堂知识与实践的结合，学生在校期间的原创作品将成为其职业生涯的重要基础。

在实践平台方面，该校大众传播系提供学生媒体、实习等多效联动方式，助力于学生全方面发展，使学生拥有丰富的学习和实践平台，奠定牢固的知识基础和技能基础。圣克劳德大学目前开办有三个社会化的校园媒体，分别是《大学纪事报》(University Chronicle)、圣克劳德广播电台之声（KVSC, Voice of St. Cloud）和圣克劳德大学电视台（UTVS, University Television Station）。这些校园媒体除了报道学校新闻，为在校学生提供实践机会之外，还作为地区媒体为周边地区提供资讯服务。

在这些实践岗位上，学生需学习撰写文章、通讯、传单、小册子和社交媒体消息；掌握广播新闻的基本新闻采访、写作、编辑技巧，掌握电台相关知识和技能，制作自己的专业广播节目，同时掌握数字音频混合录制技术，制作数字音频作品；能够使用电视、多媒体制作技术和编辑技术等，通过多种融合媒体渠道进行节目规划、制作和后期制作，能够进行电视现场制作，能编写电视节目的脚本，分析和应用电视摄像机和编辑技术，制作和导演电视节目；能够使用多媒体新闻采访、写作、拍摄和编辑技术讲故事和撰写报道；掌握媒体、工作室摄影知识和技巧，可完成广告、插图等摄影，掌握数字扫描技术；为平面媒体、传统报纸和网络报纸进行新闻选择、编辑、标题写作、插图、排版和设计，掌握图片处理、拷贝拟合和编辑技巧。

各类实践平台为学生提供了多样化的实践机会，在学生校园生活与就业之间搭起一道桥梁，使学生向实践工作平稳过渡，为他们未来的就业发展打下良好基础。

5. 国际化的教育观念，灵活的反馈机制

圣克劳德大学大众传播系学生能够参加一次海外游学，到南非、中国和智利等其他多个国家进行留学交流，同时获得相应学分。出国留学的经历可以增加学生简历的亮点，并且能够帮助学生了解各国民族和文化的多样性以及大众传播在全球社会中的重要性和

---

① 圣克劳德州立大学大众传播系官网 [DB/OL]. [2019-05-08]. https://www.stcloudstate.edu.

影响。

　　大众传播系每年暑期对毕业生和新闻机构的管理者进行一次问卷调查,其内容涉及专业设置、课程结构、教学内容、教学方法以及专业技能与技巧等。在统计分析的基础上,经过业界和学界的专家论证,对上述内容提出调整建议。实时有效的反馈机制保证了新闻专业毕业生知识体系和能力体系能够紧跟新闻业发展变化的需要,同时保证了新闻专业技能教育的科学性、前瞻性和有效性。[1]

　　以上就是对美国一些新闻院系新闻专业课程设置、教学特点的介绍。当然,除了美国以外,还有许多国家和地区的新闻教育可以参考和学习,如英国、欧盟、俄罗斯、日本等。苏联解体、东欧剧变以后,西欧国家的新闻教育卸下了冷战包袱,开始寻求向后工业社会理念的转型。[2] 据世界大学新闻网2013年6月21日的报道,欧盟高等教育现代化高层小组发布了一份题为《提高欧洲高等教育机构教学和学习的质量》的报告,欧洲许多一流大学逐渐加强对教学的重视,预计到2020年,欧洲所有高校教师都必须接受教学认证培训,欧盟委员会对此提供相应支持。[3] 这必将对欧盟的新闻教育带来正向影响。日本新闻教育对新闻事业的品质的追求得到了新闻学界、业界以及整个社会的普遍认可,在新媒体的冲击下,日本的新闻教育也在不断进行完善。上智大学新闻学系是日本历史最悠久的新闻学系,其课程设置从通识课程向专业课程过渡。[4] 这也是我国许多新闻院系目前所采用的课程设置方式。

---

[1] 罗自文. 关于美国新闻教育中专业技能培养的思考——以圣克劳德州立大学（St. Cloud State University）为例 [J]. 国际新闻界, 2007 (7): 53-56.
[2] 王积龙. 欧洲新闻教育的后工业社会理念转型 [J]. 现代传播, 2012 (1): 116-120.
[3] 邓莉. 欧盟报告: 欧洲高等教育机构须重视教学质量 [J]. 世界教育信息, 2013 (15): 73-74.
[4] 马嘉. 媒介融合时代的日本新闻教育特色分析 [J]. 国际新闻界, 2013 (4): 47-53.

第五章　美国新闻教育对我国的启示

通过对世界不同国家和地区有关新闻教育改革的专著及论文进行整理与分析，本研究发现相关的研究资料中介绍和分析美国高校新闻教育改革的最多，其次是日本、英国、俄罗斯等国的相关研究，中国港澳台地区的研究资料相对而言较少。上一章所列举的美国新闻院系基本上代表了美国新闻传播学教育的最高水平，同时也覆盖了美国新闻传播学教育与研究的各个方面。因此，对其新闻教育模式加以研究，学习其成熟的教学经验、教学理念，对我国的新闻教育具有一定的启发意义。

第一节　美国新闻院系的新闻教育特色和教育方式

美国各新闻院系的专业设置有其侧重点，例如，哥伦比亚大学的新闻学院完全以新闻业务为核心，授课时力求让学生在真操实练中掌握课程内容，学科的设置主要集中在新闻学传播领域。[①] 纽约大学和哥伦比亚大学虽然同样是以新闻报道出名，在学科设置上也有很多相同之处，但是纽约大学与哥伦比亚大学相比更偏向于商业新闻报道这一领域，课程设置以商务新闻和经济报道为主，尤其注重采访技巧和新闻播报等方面的实用性。密苏里大学的新闻传播学院是全美几大最知名的新闻学院之一，也是美国最早提供新闻传媒高等教育的学院，学院规模庞大，师资力量强大，在课程设置上也比较注重学生在新闻采访和写作技巧方面的培养，但这所大学所教授的课程大多是以研究为主，与哥伦比亚大学新闻学院存在较大的差别。雪城大学在美国是以文科著名的院校，该学院也比较偏重学术研究，同时开展一系列新媒体实践，学生活动较为丰富。圣·克劳德大学大众传播系则采用混合式教学，将部分多媒体课程放入基础课程中去，从基础到专业都深深与新媒体相融。

为了对美国新闻院系的新闻教育进一步加以了解，笔者对接受过美国新闻教育的中国留学生进行了个别访谈。毕业于美国蒙大拿大学新闻学院的本科生王莉指出，她读书期间大部分时间都在新闻编辑室里进行视频剪辑和节目制作，学校配备条件齐备的实验室供学生自行使用，可以完成课程中老师所布置的作业，上课时老师会对学生的作业进行点评和讲解，以更好地促进学生的实践，毕业后回国她也非常顺利地进入媒体从事新闻工作。在

---

① 吴信训，张咏华，沈荟. 国际新闻传播名校教育镜鉴[M]. 上海：上海三联书店，2010：82.

美国马里兰大学传播学专业攻读硕士学位的马灵燕在研究生新闻教育方面谈及中美新闻教育的异同，通过她自身的经验加以评价。她认为中美新闻教育相同之处在于中美两国的新闻教育都在实践的基础上注重理论建设，尤其是在研究生教育方面。研究生都是以学术研究为导向的，在写论文、做研究时，老师们都首先关注学生对理论的理解和发展。研究生教育阶段，中美新闻教育的不同之处在于，美国新闻教育非常注重方法研究，每个人在入学第二年要确定自己将来所需要使用的研究方法，基本上就是质化研究和量化研究两种，也有人将以上两种方法相结合作为混合研究方法，但是还是以一种方法为主导。学生每个学期都会花大量的时间和精力在建设研究方法上，每个学期都有一两门的统计学课程，也会学一些编程，以辅助收集和处理数据。另一个不同之处在于美国的博士生培养都是导师组制（advisory committee），在其所在的学校，导师组有四位成员，其中有一人是正式导师，其他三人是导师组成员，这三位非正式导师会在理论和方法的多元化方面对学生进行扩充，帮助学生做出自己独特的，不同于其他人（包括自己的导师）的研究。她们的感受代表了美国新闻教育本科阶段和研究生阶段的主要特色，为了更为系统地说明这个问题，本章将美国新闻院系的新闻教育特色和教育方式进行归纳。

一、对新闻教育的重视

美国高校新闻学院都有各自鲜明的办学宗旨与办学特色，为了吸引有相应志趣的学生报考新闻类专业，其新闻教学与特色项目等都围绕着办学宗旨进行，而且高度重视对办学经费的筹措，甚至许多高校传播院系的负责人将经费看作一切学术研究和教学活动以及学校硬件设备更新的最为基础的条件，办学经费的充裕程度更是衡量一所传播学院整体水平的重要标尺。政府也从政策的制定、资金的投入、设备的更新等方面对新闻教育加以支持。

蔡雯和周欣枫曾对美国新闻学院的教学条件进行研究，如密苏里新闻学院的教学和实验设施齐全，包括先进的实验室、数字电视编辑实验室、计算机中心、新闻图书馆、视听设备的礼堂等。学校创办的报社和电视台由学生为主力进行运营，教师给予指导。[①] 除了密苏里大学新闻学院，其他美国新闻院系也有较为充裕的资金来源和硬件支持，这为其发展新闻教育、成为传媒大国奠定了重要的基础。

二、建立科学的课程体系

在课程设置方面，美国新闻院系有着比较值得借鉴的安排。纵观美国开设新闻学专业的大学，其课程设置和学科倾向各有不同。例如，哥伦比亚大学新闻学院的学科设置主要集中在新闻传播学领域，而纽约大学则侧重新闻业务。[②] 密苏里大学新闻学院在课程设置上同样也注重培养学生新闻业务的能力，如新闻采访和写作等。总体上来说，其课程设置较为精细化，课程涉及的范围较广，并且有明确的专业指向。如哥伦比亚大学新闻学院开设的课程包括总统竞选报道、赶稿写作、跨国数据调查、800个单词的短新闻等，有关新闻写作的选修课就多达22门，涉及新闻写作的各个方面。密苏里大学新闻学院开设了关

---

① 蔡雯，周欣枫. 新闻教育的"密苏里方法"——美国密苏里新闻学院办学模式探析 [J]. 现代传播（中国传媒大学学报），2006（2）：123-125.
② 伍静，刘海贵. 从中美比较看我国新闻传播学学科专业设置中存在的问题 [J]. 新闻大学，2006（4）：35-38.

于粮食系统和环境的实地报道、科学、健康与环境写作、历史新闻摄影等课程,西北大学麦迪尔新闻学院开设了杂志与特写、民族冲突与恐怖主义报道等课程,纽约大学新闻学院甚至把课程内容具体到对纽约市的报道,如纽约特色报道、城市报道进行时、纽约时尚新闻报道、纽约饮食报道与写作等,这些课程内容较为具体,具有针对性,侧重对学生技能的专项培养。

新闻记者具备社会公器的职能,不能沦为商业化的附属。培养新闻人才还要培养其强烈的社会责任感,正确履行职责①,美国新闻院系对新闻伦理的要求与对新闻技能的要求并重。各个新闻院系都开设了新闻伦理与法律、互联网法律、新闻伦理与宪法第一修正案等课程,培养学生新媒体环境下的伦理与法律意识。另外,除传统新闻写作、编辑、摄影等课程外,还开设了网络用户开发、信息图表、参与式新闻、媒体设计等培养学生基本新闻技能和网络应用技能的课程。

为了适应新媒体的特点,美国一流的新闻院系不断增加融合新闻、数据新闻、多媒体写作等向数字新闻转型的课程,对技术不陌生、对新的媒介平台进行探索、涉及多个学科是其发展的方向。

在课程设置中各新闻院系都特别强调专业实习、新闻实践,体现了美国新闻院系对实践教育的重视。学生在校期间可以参加诸多实务训练,美国很多大学自办媒体,学生可以利用社交媒体进行新闻实践,还可以去校外的新闻机构实习,如马里兰大学的学生需花一个学期的时间在华盛顿的新闻机构工作。很多一流的新闻学院在全世界设立了实践基地。另外,许多新闻院系也会邀请名记者和名编辑到校,将新闻业界的最新做法和最新经验带给学生,方便学界与业界的双向沟通。这样,学生在迈出校门之前就直接与业界接轨,积累了相当多的从业经验。②

除了美国,很多其他国家也采取了相似做法。在专业学习与实践训练的结合方面,目前我国各新闻院系在这个方面也在积极探索,近些年取得了较大的突破。

对于高等教育的教学体系,英美等国家都具有较为完善的评估系统,通过校内外机构的评估、社会和媒体的评价加以确认,考虑因素包括课程设置、教师授课质量、学生满意度、教学研究水平和社会反应等。③ 科学的课程设置是提高教学质量最为直接的因素。对此,我国的新闻教育在课程开发和设计方面可以进一步探讨。

三、精细化培养模式

精细化培养模式包括小班教学和问题意识教学。根据美国新闻与大众传播教育认证委员会的要求,美国新闻院系新闻学专业开设的与采写技能和实验操作有关的课程,必须是小班教学,每班人数不超过 20 人,以保证教学质量(逯义峰,2016)。④因此,学生与教师的交流互动较多,教师对学生的学习情况较为了解,在指导方式上已经率先使用了"翻转式课堂"的教学模式,对上课时间的利用效率较高。上课期间多进行研讨,针对重点和难点的新闻知识进行讲解,并讨论新闻工作中可能遇到的各种难题,在理论的背景和框架

---

① 黄鹂. 对美国新闻教育职业化的思考 [J]. 华中科技大学学报, 2005 (19): 107-111.
② 陈维璐, 胡艳. 对近十年美国新闻教育新特征的探析 [J]. 西南交通大学学报 (社会科学版), 2006 (3): 40-44.
③ 蔡雯, 周欣枫. 新闻教育的"密苏里方法"——美国密苏里新闻学院办学模式探析 [J]. 现代传播, 2006 (2): 123-125.
④ 逯义峰. 课程创新与实践: 新媒体时代美国新闻教育改革发展趋势 [J]. 新闻界, 2016 (2): 54-57.

下寻找答案，制作应对方案。

深耕细作式的教学培养模式使学生能较为充分地参与教学活动，调动学生的积极性，不会造成大班上课学习效果两极分化的差异。对此，我国有教学条件的新闻院系可以加以借鉴。

四、不断调整教育理念

历经多次变革和市场的检验，目前美国新闻教育主要有以下四种模式：与传媒业紧密联系的新闻教育模式、相对狭窄的教学模式、在传播学研究的广阔框架内进行新闻学教育模式、新专业主义模式。①

与英国、日本等国家的新闻教育理念不同，美国的新闻教育理念较为强调实用性，以实践应用为目标设置，与新闻实践联系密切。相比之下，英国的文化产业发达，所以其新闻教育理念与文化传承相关，与其历史文化、文化产业发展等紧密结合。② 日本的新闻教育以培养合格公民为新闻教育的基本目标。其实，美国新闻教育理念经历了重学术到重实践的转变过程。在美国新闻院系创设之初，主要继承了英国的新闻教育传统。发展到19世纪中叶，资本主义工业发展促使实用主义抬头，市场上需求大批具有专业技能的人才，新闻教育方面也深受影响，实用主义占主导地位。③

近年来，新闻传播市场、媒体融合技术等大背景风起云涌，美国新闻教育发展迎来较大变化。美国新闻教育的策略变化主要有以下几种：第一，"休克式"的整改策略，停办新闻与大众传播学院，另办学院或研究机构，处理信息、媒体和技术的融合问题，重新发展该学科的教育。④ 第二，大幅调整课程体系，进行新媒体融合，进行战略性的资源整合，如密苏里大学新闻学院等。第三，突出新媒体的专业教育，不断深化新闻传播学的多学科教育。⑤ 第四，扩大新闻教育的领域，使新闻学与传播学的结合更加紧密，加大了新闻教育的传播学元素。不但增加传播学的元素，还增加了公共关系、广告、市场营销的元素，把学生的培养目标扩大到媒介上下游领域，如2010年西北大学梅迪尔新闻学院更名为梅迪尔新闻、媒介与整合营销传播学院，明显扩大了教育的领域，深入整个传媒市场运营，也反映了当今美国的传媒生态。媒体发展变革伴随着传播技术的进步，未来媒体塑造多元文化，更多表现为高技术和高智力的双重作用。为适应传播技术的发展，数字技术成为新闻学子必须掌握的技术。此外，新闻院系致力于培养技术性文科人才，提升数字媒体课程的核心地位，要求新闻业务和传播技术兼备，拓展学生的思维空间。

在教学理念上，美国新闻教育理念开始扩大新闻教育的范围，虽仍以实践应用为主，但是更加注重学术研究，新闻人才培养途径也越来越多样化，教育方式日益开放。如为了获得独家报道、实现差异化竞争，美国新闻院系开始培养小众化新闻人才，例如美国西北

---

① 吴信训. 世界新闻传播教育百年流变 [J]. 新闻与传播研究，2009 (6): 26-37.
② 吴锋，张佳慧，夏鸿斌. 英国新闻传播教育的发展路径——基于十所顶尖新闻传播院系的调查研究 [J]. 传媒，2015 (5): 49-51.
③ 高峰. 美国实用主义教育观分析 [J]. 吉林省教育学院学报，2010 (8): 126-127.
  龙伟. 中美新闻学本科高等教育比较研究 [D]. 暨南大学，2013.
④ 于德山. 媒介融合背景下美国新闻传播教育面对的挑战与对策 [J]. 现代传播（中国传媒大学学报），2011 (12): 137-138.
⑤ 于德山. 媒介融合背景下美国新闻传播教育面对的挑战与对策 [J]. 现代传播（中国传媒大学学报），2011 (12): 137-138.

大学开设了生物医学新闻学、健康新闻学、宗教新闻学、运动新闻学、财经新闻学五门专业领域课程。纽约大学在新闻专业的本科生课程中新增了三门课程,即科学和环境报道、文化报道与批评、商业与经济报道。从 2005 年开始,哥伦比亚大学新闻研究生在第二学年可以学习具有专业深度的内容,比如经济、科技方面的专业内容。①

跨越学科与国界,积极推进国际新闻教育是另外一个培养路径。开拓国际教育市场,培养来自不同文化背景的留学生,并接纳来自不同文化背景的学者来校从事访问讲学或者客座研究,熟悉国际协同的文化特征。② 目前的美国新闻教育理念包含了技能培养和学术性培养,同时重视人文素质和新闻精神的培养。③ 除了美国,英国、日本、法国、德国等国家的高校新闻教育也非常注重开展广泛的国际交流与合作,如英国威斯敏斯特大学、日本横滨国立大学等在信息传播、多媒体技术等方面都开展了国际化教育合作。我国新闻院系近些年在教学理念方面也在积极调整,培养多样化的新闻人才,并开展国际合作与交流。

近几年,随着新闻专业入学人数的下降和媒体的转型发展,美国新闻院系的教学理念又开始向"创新教学理念"转变,开设一系列的创业课程,转变幅度非常大。④ 强调创新与数字媒体创业的相关课程的开设,无论是对于新闻业未来的发展,还是对于新闻专业学生从事新闻工作来说,都是至关重要的(Pavlik, 2013)。对此,哥伦比亚大学新闻学院 2009 年就请《赫芬顿邮报》的创办者为学生讲授创业课程,其他新闻院系也纷纷跟进。目前,我国新闻院系大部分还没有开设这方面的课程,对此,可以借鉴和学习。

五、重视专业教师队伍建设

美国新闻教育具有较强的实践性,所以新闻院系在引进师资力量时非常看重任课教师的新闻实践背景。密苏里大学新闻学院认为教师要有培养学生的能力,要能在大量的新闻实践能力培养的课程中,非常具体地、细致地对学生进行指导与辅导。⑤

在美国很有争议的一件事是,高校新闻院系在聘请教授和讲师时,最重要的标准就是要拥有丰富的实践经验,并且之前是新闻工作者,这一点在美国存在争议。因为有一些高校认为新闻教育应该培养出合格且优秀的新闻人才,所以它们非常强调这些学生也要由有经验的新闻工作者来教授,但是另一些新闻院系则希望由学术方面有所成就的人来任教。哥伦比亚大学新闻学院非常注重新闻实务教学,在职教师曾有媒体工作经历的高达 92.1%的比例,而且其中有 36.9%的教师有超过 30 年的媒体从业经历,这在世界新闻学院中都是很少见的。⑥ 密苏里大学新闻院系的教师也大多有丰富的新闻工作经验,而且在学术及学科的发展方面也较为突出。教师是否拥有博士学位并不是主要的考虑指标,这与英国等国家注重学术型教师有些不同。在英国,强调教师的高素质、高水平体现在科研创新能力

---

① 陈维璐,胡艳. 美国新闻教育的新特征 [J]. 新闻传播,2006 (1):70.
② 韩炼. 全球化下的新闻教育改革 [J]. 当代传播,2004 (3):37.
③ 陈维璐,胡艳. 美国新闻教育的新特征 [J]. 新闻传播,2006 (1):70.
④ 陈昌凤,王宇琦. 创新与坚守:美国经验与新环境下国内新闻教育路径探索 [J]. 国际新闻界,2015 (7):30-31.
⑤ 王慧敏,董武绍. 美国高校新闻传播教育对我国的启示 [J]. 广东技术师范学院学报,2008 (8):103-106.
莫扬,孙昊牧. 中美高校科技新闻人才培养比较研究 [J]. 山西大学学报,2010 (4):25.
⑥ 陈昌凤,王宇琦. 创新与坚守:美国经验与新环境下国内新闻教育路径探索 [J]. 国际新闻界,2015 (7):29.

上,大多新闻院系的教师应拥有博士学位,有学术专长。^① 同时,一些高级职称教师需具备国外学习的经历。英国新闻院系也会聘请业内的资深人士作为实务型教师,实务型教师要求曾在著名媒体担任过高级记者、编辑或主管一职。^② 日本的教师队伍培养注重资深教授的主导作用。李鉴增指出日本各个大学都非常重视在学校各项工作中发挥教师,特别是教授的主导作用。学校还积极为教师创造良好的教学和科研条件,教师也积极从国家或企、事业单位争取科研项目。^③ 相比美国,英国、日本的教师队伍建设与我国新闻院系的教师队伍建设更为相似。对此,我们可以广开思路,博取各家之长。

六、大众化与规范化并行

美国教育界重视新闻人才的培养,同时大力发展其他方式的新闻教育,只为提高新闻教育在各个层次人群中的覆盖率,提高普及化程度。公民的媒介素养教育被提上日程,培养公民的媒介批判能力,利用媒介资源加快自我的社会化进程。美国新闻业的发达与全民新闻意识的普及,与积极地培育媒介市场、培养新闻媒介的消费者是密切相关的。^④

在新闻教育大众化发展的同时,美国新闻教育主要通过认证机构进行教育质量评估。成立于1945年的美国新闻与大众传播教育认证委员会(Accrediting Council on Education in Journalism and Mass Communications,缩写为ACEJMC),是规范新闻教育行业的专门机构,委员会成员包括新闻教学者和新闻业界代表。ACEJMC是美国新闻教育领域最权威的认证机构,每隔六年评估一次。由于社会环境和新闻媒体在不断发展变化,评估标准也在不断变化,现主要包括九项评估内容:院系的目标与管理、多样性和包容性、师资力量、奖学金及创新活动、学生服务、资源和教学设施、专业的和公共的服务、对于学习成果的评估等。^⑤ 评估的目标是确保新闻教育提供有广度和深度的人文和自然学科知识、为新闻院系和外界提供一个双向互动的平台,使新闻院系了解外部社会的新观点、新理念,不断改进教学模式、提高教学质量。^⑥ ACEJMC已对美国500余所新闻院系中的108所进行认证,并将认证范围从美国国内扩展到国际认证,美国之外的一些新闻院系也通过了认证。^⑦ 目前认证范围突破国家界限是一种趋势,一个统一的认证标准可以形成一种新的新闻教育规范,为各国、各地区的新闻教育事业提供借鉴作用。

第二节 对我国新闻教育改革的相关建议

新闻教育如何改革,成为当前需要探讨的问题。对此,有学者就我国新闻教育发展的态势与走向提出了一些建设性的意见。已有的研究和改革措施取得了一定成效,本研究在

---

① 韩炼. 论新闻教育改革 [J]. 广州大学学报, 2004 (2): 17.
② 吴锋, 张佳慧, 夏鸿斌. 英国新闻传播教育的发展路径——基于十所顶尖新闻传播院系的调查研究 [J]. 传媒, 2015 (5): 49-51.
③ 魏恒, 欧乾恒. 深化改革加强自身建设 推动人大工作与时俱进 [EB/OL]. 广西新闻网, (2014-04-24) [2019-05-20]. http://www.gxnews.com.cn/staticpages/20140424/newgx535840e9-10160085.shtml.
④ 大卫·帕金翰, 宋小卫. 英国的媒介素养教育:超越保护主义 [J]. 新闻与传播研究, 2000 (2): 73-79.
⑤ 陈维் , 胡艳. 美国新闻教育的新特征 [J]. 新闻传播, 2006 (1): 70-73.
⑥ 牛犇, 骆正林. 美国传媒产业转型与新闻传播教育的改革 [J]. 现代视听, 2011 (11): 12.
⑦ Maurine Beasley, 杨保军. 新世纪美国新闻学教育面临的挑战 [J]. 国际新闻界, 2001 (5): 31-34.

此基础上再进行分析,以期起到抛砖引玉的作用。

一、已有研究提出的相关对策

从国内的发展看来,我国的新闻教育改革模式主要分为三种:第一,将理论教学与实践教学相结合,这是最为常见的模式。学习新闻专业理论、提供校内外媒体作为实践平台,成为目前许多新闻院系采取的教学方式,以此实现学校的产学研发展相结合的路径,达到与实践单位接轨的目的。第二,整合资源,多学科综合培养。对于一些多学科的院校或者有合作办学的院校,建立跨学科的培养模式,邀请各学科的专家学者进行授课,培养复合型媒体人才,使新闻工作者成为真正的多元的观察者以适应当今的媒体环境。第三,重新架构学科,进行课程体系的重新设计和师资队伍的重大调整,对教学平台、教学方式进行深入改革。

对新闻教育改革,李晓樱早在1998年就指出了"三位一体"的改革方略,即从新闻教育观念、新闻人才培养目标和新闻教育环境构建三方面对我国新闻教育进行多方位的配套改革尝试,从宏观的角度对我国新闻教育改革提出建议和设想。[①] 其提出的在观念上确立大新闻教育观、确立新的人才教育目标、构建大新闻教育圈的观点至今仍具有一定的借鉴意义。尤其是"新闻教育不是一次性大学新闻教育,有终身教育的思想""新闻教育也包括技校培训、岗位培训等多种途径和形式的在职教育"和"新闻教育也包括以非系统的方式在业余时间接受新闻教育,在日常新闻实践中接受零散的教育"[②],这些观点在今天已经在新闻教育中逐步运用到实践中去了。

现将已有的研究成果进行梳理,大概有以下几个方面的具体措施:

(一) 培养综合竞争力

传统新闻教育中,将"采""写"放在第一位,认为只要能采到新闻,写出报道,新闻教育的任务似乎就完成了。[③] 对于今天的新闻工作者而言,只培养浅层次的采写功夫已经不足以应对错综复杂的媒体环境了,应当进一步培养他们在传播活动中的各项技能和融媒体意识,以提高竞争力。

1. 培养跨文化、跨平台传播意识。调整几十年来已经固化的教学模式,增加对国外媒体、中西媒体比较研究的课程,引导学生学习国外媒体报道的经验,认识到自己的不足。同时对多种媒体形态进行全面掌握,熟悉各种媒体的性能和特点,能全面开展新闻工作。

2. 多方面知识的修养。破除新闻专业是"文科"的旧观念,鼓励学生跨专业、跨学科选修课程,加大教学计划中理、工科知识的分量,特别加大互联网技术的培训。

3. 全方位动手能力的培养,对于新闻采写课、摄影课、摄像课这类课程不能只停留在书本上,要让学生真正用到摄影器材,组织几次教学实践才能达到效果。

(二) 加大资金投入

蔡雯、周欣枫在《新闻教育的"密苏里方法"——美国密苏里新闻学院办学模式探析》中提到,"密苏里方法"中最难以复制的部分是实践体系和支撑体系,密苏里新闻学

---

① 李晓樱. 中国大陆新闻教育发展的态势与走向. [J]. 华中理工大学学报,1998 (4):111-114.
② 李晓樱. 中国大陆新闻教育发展的态势与走向. [J]. 华中理工大学学报,1998 (4):111-114.
③ 段京肃. 面向新世纪的新闻教育 [J]. 国际新闻界,2000 (5):5-10.

院在主校园中有五栋建筑,新闻图书馆有 50 000 册藏书,设施包括编辑部、设计实验室、数字电视编辑实验室、写作实验室、对学生开放的计算机中心、最新视听设备的礼堂(2006)①;新闻学院的师生们拥有真正的报社和电视台,工作人员都是学生和教师,且以学生为主。我国中国传媒大学也拥有一套先进的设备:数字化广播直播间、语录室、苹果高清非编机房、声音混录棚、同声传译实验室等等。我国高等学校教育资金多投入在传统名牌大学及综合性大学,地方高校及民办院校的资金则严重匮乏,新闻器材陈旧、破损,无法满足教学需要,是亟待解决的问题,尤其是对中西部新闻院系在国家政策和教育投入方面可给予一定程度的倾斜,促进全国新闻教育综合发展。

（三）完善课程设置

增设有利于拓宽学生知识面及增强综合素质的课程,条件允许的话,增设一些公共选修课程,如经济、政治、文化、哲学、科技、美学等方面的课程,按照学生的兴趣爱好和发展方向进行教育培养。

1. 要求学生拥有广阔的知识面,不能只注重新闻专业课,还必须强化基础课,文学、历史、哲学、经济学、法学方面课程的训练。例如美国的印第安纳大学,3/4 的课程是非新闻专业课,美国大学每个新闻系都提供了 130 门以上的选修课,新闻专业课程仅占 25%～30%。②

2. 除新闻专业外,学生可以辅修或者自学第二专业,深入了解某一专业知识,作为将来从事新闻工作的主要报道领域,如学习经济学、法学、计算机技术、心理学、文学、市场营销等。这样,他们不但在就业中具有双重的竞争优势,而且可能成为专家型的新闻记者。

3. 除了知识和技能的培养,学生的人格培养、素养培养同样重要。职业素养的教育应贯穿新闻教育的始终,具有公平正义观念、能够独立思考、拥有创新意识的新闻人才是新闻教育的培养目标。

（四）加强师资建设

现有新闻院系的师资队伍应建设为拥有跨学科知识基础、跨文化思维基础、跨媒体专业基础、具备科学工具使用能力的师资队伍。③

1. 引进各方面强势的各个专业背景、各个年龄段的专业人士,从不同角度为教师和学生带来知识和经验。

2. 开展国内外的教学研究学术会议,由业内和学界专家举办训练营和系列培训,与国外新闻院系进行学术交流和访学活动,引入新观念和先进的教学方法。

3. 进行实务界新闻人才交换和培养,聘请新闻单位的专业人士作为嘉宾或者实践教师、实习导师,到新闻院系进行常规性的教学和指导。

（五）提高市场意识

高校教育存在"进""出"两个环节,"进"是指招生环节,"出"是指学生就业环节。如今的人才竞争反映到这两个环节中去。一些高等院校根据自己的传统、特色和层次,往

---

① 蔡雯,周欣枫.新闻教育的"密苏里方法"——美国密苏里新闻学院办学模式探析[J].现代传播(中国传媒大学学报),2006(2):123-125.
② 蔡铭泽.增强市场意识,改进新闻教育——兼谈"入世"与新闻教育的关系[J].新闻大学,2001(4):84-87.
③ 高钢.媒介融合趋势下新闻教育四大基础元素的构建[J].国际新闻界,2007(7):29-34.

往已经形成比较固定的生源、招生市场和就业市场。① 各新闻院系在招生市场和就业市场也存在着竞争，为了保持或提高自身的教育质量，应保持这两个市场的稳定和扩张。所以要做好新闻教育工作还要及时调研新闻就业市场的状况，对自身人才培养目标做出调整，培养适合时代发展的学生，学生就业情况不仅要注重数量，还要看重质量。

（六）落实共建机制

可聘请新闻界的主管和资深记者编辑到学校兼职任教，将新闻界的最新动向和经验带进课堂；新闻院系和新闻媒介联合申报科研课题，及时研究和总结新闻界的动态，学习先进经验。② 目前我国新闻院系逐渐与新闻单位联合办学，建立了对口的实习基地，这是一个良好的开端。新闻单位中经验丰富的媒体从业者与传媒研究的学者可以为对方提供有益的知识和资讯，互为补充，同时媒体从业者可以走进课堂进行兼职授课，传播业界的前沿动态与实践经验，使学生提前熟悉新闻单位的工作方式和方法。

目前新闻教育领域的研究者们已经充分认识到我国的新闻教育所面临的挑战，在具体的改革措施上，提出了一系列建议：借鉴国外经验，在课程体系设计和教学环节把握等多方面要充分注意理论联系实际，以提高学生的专业技能和实际工作能力；加大对新闻教育资源的投入；加强教师队伍建设；优化新闻专业的课程设置；改善新闻教育评估体制；在新闻教育方式上不断创新等。以上的研究从多个方面为我国的新闻教育改革的实施提供了可行性的解决方案和具体措施，这在一定程度上对我国新闻事业的发展起了重大的推动作用。

二、新媒体时代新闻教育的发展方向

在新媒体的发展环境下，新闻教育增加了诸多新的因素和情况，传统的新闻教育观受到了更大的挑战。技术在升级，社会在发展变迁，无论是政府和媒体的从业人员、学生自身还是新闻专业的对口单位都对新闻教育提出了更高的要求。如何培养学生对社会的洞察力、充分锻炼学生的新闻职业能力和社会适应能力，力争毕业后可以在最短时间内胜任本职新闻工作，这是我国各新闻院系一直都在探索的问题。新闻院系还与新闻媒介单位、社会教育并肩创造条件，促进学生成长和学习，将知识理论与新闻实践相结合，以满足当今媒体环境下的社会、市场以及新闻用人单位对新闻人才的需求。关于学生未来的就业问题，笔者对西南政法大学蔡斐副教授进行了访谈，他认为对新闻专业的学生来说，采写编评的基本功要具备，"数据新闻是一种新媒体形式下的类型，但不能过滤掉基本功的学习，这是一个传统新闻学要学习的知识。"此外，还要"学习相关新媒体技能，比如H5页面微信的编辑等，时代的发展出乎我们现有的想象，所以归根到底需要拥有一个不断学习的能力，新闻传播专业的学生未来的就业范围还是很广泛的"。对新闻院系来说，未来的路还很长，还有许多需要改革和完善之处，以下从七个方面提出相应的建议：

（一）学生为中心的办学观念

新闻教育的发展最终还是由各新闻院系的办学理念和思维方式所决定。在此领域，有诸多问题值得探讨：培养什么样的人才？单向培养方式还是多元互动培养方式？理论教学

---

① 蔡铭泽.增强市场意识，改进新闻教育——兼谈"入世"与新闻教育的关系[J].新闻大学，2001（4）：84-87.
② 蔡铭泽.增强市场意识，改进新闻教育——兼谈"入世"与新闻教育的关系[J].新闻大学，2001（4）：84-87.

和实践教学的比重如何分配？课程设置如何避免庞杂，突出教学目标？实验室设立、实习基地建立和合作单位增加，如何把这些资源充分利用和实现，使学生受益？师资队伍如何平衡发展？行政管理体系下如何发挥教学部门的积极性？

有太多的问题可以思考，但是这都是由办学理念来决定的，主要还是要从宏观的角度进行布局，除了全国新闻院系自身的努力，还需要教育管理部门和其他相关部门提供良好的政策，培育促进新闻教育发展的良性环境。从微观之处，各新闻院系也可以从自身做起，在办学理念上更加积极。通过对比中美两国新闻院系的网站发现，美国新闻院系的网站更新更及时，内容更具体，从学院介绍、课程设置、实践安排，到作业提交、在线服务等方面都面面俱到，方便学生对课程开设和学分情况进行查询，院系与学生的互动设计较多，教学管理环节比较完备，节约了大量教学时间，学生可以有更多的精力和时间进入专业学习和实践之中。从技术的角度来看，这些在我国新闻院系都可以实现，最终还是要落到办学理念的转变上去，新闻教育的发展仍需进一步去行政化，以学生为中心、以教学为主导。

（二）全面实施通才教育

新闻工作者被称为"杂家"是我国新闻教育的传统，这也要求学生做到"博采众长"。但是，我国新闻院系在教学方案的制定、教学内容的安排等关键环节上，并未落实这种"通才"教育。[①] 教师的教学方式和教学内容，与学生的互动过程依然比较传统，在时代和技术的发展背景下呈现出一定的局限性。因此，要全面实施通才教育，将理论与实践紧密联系起来，以实现新闻教育的最终目的。[②] 具体而言，应在以下两个方面加以考虑：

第一，将新闻学与传播学进行更紧密的结合，实现新闻教育与传播学教育的协调发展。借鉴传播学方面的理论来发现新闻界出现的新问题和新方法，新闻传播方面的知识在新闻教育中要进行及时更新，树立正确的新闻专业理念，并熟练掌握新闻业务技能。新闻教育应将传播教育作为教学的重要组成部分，学生可借助所掌握的传播学知识和研究方法从事新闻工作。在新闻院系的工作中，要实现"新闻学教育与传播学教育协调发展"，实现二者能够各扬其长，最终实现协调、双赢的发展结果。[③]

第二，以往对学科划分和专业划分都在入学时进行了确立，划分较为细致，为了使学生的知识面更加广阔，可以更普遍性地推广大学科新闻教育，并且在课程设置上安排一些其他学科领域的知识，进行通才教育。学生在兴趣和特长的基础上再进一步确定小的学科方向，以培养多层次的新闻传播人才。除了新闻行业，学生也可以适应公共关系、广告等行业的工作，使学生的技能拓展，适应新媒体下新闻传播市场需要全能人才的趋势。

（三）建立教学实践基地

新闻院系的学生应熟悉新闻工作程序，了解新闻工作的基本规律。学生只有在新闻实践中才能对新闻工作深有体会。所以新闻院系需要进行硬件的升级与配套管理，完善新闻教学实践环境，让学生在校内有充分的实战体验，通过校园报纸、期刊、电视台、广播电台进行操练，并和校外实习接轨，随时接触新闻传播行业。

美国马里兰大学传播学专业的马灵燕同学介绍："本科生有一些实践课程，比如说老

---

① 段京肃. 面向新世纪的新闻教育[J]. 国际新闻界，2000（5）：5-10.
② 李劲松. 浅论新闻学教育的创新[J]. 湖北第二师范学院学报，2009（3）：36-37.
③ 郑保卫. 浅谈当前我国新闻与传播教育的现状、问题及对策发展[J]. 国际新闻界，2007（6）：47-52.

师们会邀请业界人士到课堂上做讲座，也有专门的年度论坛，老师们会请多个行业的杰出人士到学校开讲座。在论坛期间，学校鼓励本科生带着自己的名片和简历前往，这不仅是学习的机会，也是社交和找工作的机会。还有一些课程是由一些在业界工作过多年的老师来教授，专门教学生进行写作。"对此，我们要吸取经验，尽早为学生搭建桥梁，与业界进行接触。而目前大多数学生四年中只参加一学期的实习或毕业集中实习，这让新闻实践的实习变得更加功利性，并且短期之内，学生的新闻实践能力并不会得到显著提升，甚至可能让学生产生为顺利毕业而实习的困惑。因此，可以通过建立实习基地、自办或联办媒体、与校外媒体和企事业单位宣传部门合作等方式增加学生实践的机会。给新闻专业学生提供一进校就能直接参与新闻实践的机会，构建让学生入校后就能持续参与新闻实践的教学制度，培养学生掌握新闻传播工作的全面素养和技能。① 如西南政法大学新闻传播学院启动的"蓝鲸计划"，学生从大一开始就到媒体单位接受训练，这样的训练持续整个本科学习阶段。②

（四）强调新闻职业道德教育

近年来，为了扩大发行、提高收视率、争取更多广告客户，不少媒介的内容低俗、媚俗，甚至出现黄色新闻，还有屡禁不止的"有偿新闻"。称职的新闻从业者必须具备较高的政治理论修养、广博的文化和知识修养、精湛的专业技能和较高的社会责任感。

《中国新闻工作者职业道德准则》对新闻工作者的职业理念、态度、纪律、责任等都提出了要求。各新闻院系对学生的培养也要注重职业道德的教育，打好这方面的基础，使他们从事新闻工作之后能够全心全意为人民服务，坚持正确的舆论导向，遵守国家法律和纪律，坚持新闻的真实性，并发扬清正廉洁、团结协作的精神。③

（五）培养专业的师资队伍

教书育人首先要有专业水平过硬的教师队伍，以渊博的学识和丰富的经验来引导学生。纵观全国新闻院系，高学历教师增加，但是大部分缺乏具体的新闻工作实践经验，从理论层面虽然能为学生带来知识，但是与实践的结合就显得不足。而且部分教师的知识没有根据媒体的形态和特点进行升级和变化，"新瓶装旧酒"的情况屡见不鲜。为此，应积极引进专业人才，充实高校新闻师资乃当务之急，需要积极引进专业人才，并为现有中青年教师提供继续学习的机会，继续学习包括学历教育，也应包括到新闻媒体进行实践的岗位学习。④ 改变新闻教育单一的学术型教师为主的师资结构，引进新闻业界的资深专业人士担任具体的实践课教师，或者为学生开办热点讲座，使学生更好地了解传媒，了解传媒的运作和受众需求，缩小课堂理论与社会现实的差距。⑤

（六）合理控制招生规模

新闻专业院系的数量和质量要力求平衡。近年来，中国大陆新闻与传播教育规模超常发展，新闻院系数量激增，招生规模扩大。⑥ 这样导致了有的新闻院系在师资和教学设备上跟不上，无法保证新闻教育的质量和水平，所以要确立"控制数量，提升质量"的发展

---

① 李劲松．浅论新闻学教育的创新［J］．湖北第二师范学院学报，2009（3）：36-37．
② 李劲松．浅论新闻学教育的创新［J］．湖北第二师范学院学报，2009（3）：36-37．
③ 邵碧玉．新时期中国新闻教育革新浅论［D］．南昌大学硕士论文，2007：1-43．
④ 田华，李志．高校新闻教育如何培养特色人才？［J］．青年记者，2006（4）：75-76．
⑤ 朱丹．中国新闻教育现状分析［J］．湖南大众传媒职业技术学院学报，2003（4）：57-60．
⑥ 陈昌凤．中美新闻教育传承与流变［M］．北京：中国广播电视出版社，2006：105-111．

思路。在保证质量的基础和前提下，再有计划地增加学生数量和扩大招生规模，保持稳步、有序、平衡、科学的良性发展。[①] 这样不但符合新闻专业的培养规律，也体现了对学生和教育事业的负责。新闻院系盲目扩招的恶果，就是培养出大量无法适应社会需求的"毕业生"，浪费有限的社会教育资源，限制学生的才华施展。

（七）打破课堂宣讲模式

打破课堂宣讲模式，提高教学质量。"老师在讲台上授课，学生整齐划一地坐在下面听讲"是目前许多高校进行课堂教学的显著特征，这种模式容易固化以教师为主的严肃的课堂氛围，学生被动接受知识，积极性和主动性不高。另外，高校课堂普遍缺乏小组讨论式的教学。目前，课堂普遍采用多媒体形式辅助教师进行知识的传授，教师根据配套教材制作相应的PPT课件，主要以语言为主，层层递进地开展教学任务。这种教学模式尽管在一定程度上运用了互联网技术，但本质上仍属于灌输讲解式教学，通过使用黑板、粉笔、幻灯片等普通教学手段进行授课的方式缺乏师生之间、学生与学生之间的互动。另外，虽然幻灯片在某种程度上丰富了教学方式，但也存在不足，比如，许多学生为了应付期末考试在课堂上只顾着利用手机拍摄PPT内容，进而忽视了教师的讲解，造成本末倒置的不良影响。

在新的时代背景下，新闻院系应以互联网思维为导引进行教学模式的改革与创新，借助互联网手段提高教学质量。互联网将成为教与学的主要场所，教师和学生在网络技术的支持下，需要实现一种崭新的教育与学习形式，"互联网＋"教育已逐步改变传统的教学，包括教育理念、教育模式、教育平台、课程设置、课程标准、课程评价体系等发生重大变革。因此，可将上课的传统宣讲模式进行改革，如以微课形式进行碎片化知识传授、推进翻转课堂教学模式实验班、开设小规模限制性在线课程（即SPOC）、利用大数据技术创新教学评价制度等，改变现有的学生学习积极性不强、师生互动不多以及创造性较弱的局面。为学生提供较为宽松灵活的知识选择空间，并且可以主动参与到课堂中来。

不过，通过对部分新闻院系的介绍与对学生的问卷调查分析可知，我国目前的新闻教育正处于快速上升阶段，新技术不断被引入，校企合作增多，学生的新媒体学习机会和实践机会达到了前所未有的高度，在资金、技术、资源都较为丰富的情况下，我国新媒体时代的新闻教育有着巨大的发展机遇和潜力，不过也存在一些亟须解决的问题，还需一些具体的措施把当前的优势充分利用起来，让学生能够深入体会新媒体知识和实践所带来的机遇，在新闻教育的发展方面，我们还要砥砺前行。

我国新闻教育改革是一个庞大的系统工程，其变革应囊括全面规划、分步实现、全方位改革三个方面。首先要结合中国的国情进行统筹规划，将改革的方向、目标、改革的内容和实现标准确立起来，更新教育观念，科学地设立课程体系，并在慕课、微课等新型授课形式等方面进行尝试，合理分配资源，适当进行教学设备添置和实验室建设、改造，营造积极向上、适应新媒体传播环境的教育氛围。

综上所述，技术在升级，社会在发展变迁，无论是政府和媒体的从业人员、学生自身还是新闻专业的对口单位都对新闻教育提出了更高的要求。我国各新闻院系一直都在探索，促进我国新闻教育的发展。无论是老牌新闻院系还是新崛起的新闻院系都以不断调整、及时更新的姿态面对新媒体对新闻专业的冲击。美国的新闻教育给了我们一些启发，

[①] 郑保卫. 浅谈当前我国新闻与传播教育的现状、问题及对策发展[J]. 国际新闻界，2007（6）：47-52.

更多的还是这些新闻院系自身的经验总结和大胆尝试，通过与业界的合作、科研促进教学，充分调动学生的积极性，主动参与到学习之中。当然，现阶段还存在一定的不足和缺憾，在课程体系设置和人才队伍建设等方面都需要不断调整，在与学生的互动交流和网络系统建设上还要进一步实现即时性与交互性。从困难中看到成长，从进步中看到瑕疵，这也是我国新闻教育不断自我完善之路。

参考文献

著作：

[1] 陈昌凤．中美新闻教育传承与流变［M］．北京：中国广播电视出版社，2006．

[2] 张昆．三思新闻教育［M］．武汉：华中科技大学出版社，2017．

[3] 林牧茵．移植与流变：密苏里大学新闻教育模式在中国（1921—1952）［M］．上海：复旦大学出版社，2013．

[4] 刘昶，甘露．欧洲传媒概览：产业·规制·教育［M］．北京：中国传媒大学出版社，2015．

[5] 马嘉．学术与职业——日本高等新闻教育研究［M］．北京：人民出版社，2009．

[6] 秦珪．新闻评论和新闻教育［M］．北京：新华出版社，2015．

[7] 邱沛篁．川渝新闻传播教育35年［M］．成都：四川大学出版社，2015．

[8] 邱沛篁，吴建，陈祖继．四川新闻传播教育发展论［M］．成都：四川大学出版社，2012．

[9] 史安斌．全球传播与新闻教育的未来［M］．北京：清华大学出版社，2014．

[10] 王明光，黄先义．中外新闻专业实践教育比较研究［M］．杭州：浙江大学出版社，2016．

[11] 王义祥．当代中国社会变迁［M］．上海：华东师范大学出版社，2006．

[12] 吴信训，张咏华，沈荟．国际新闻传播名校教育镜鉴［M］．上海：上海三联书店，2010．

[13] 辛欣，雷跃捷．中外新闻传播教育发展研究［M］．北京：中国传媒大学出版社，2009．

[14] 许晓明．中国近代新闻教育发展史研究（1912～1949）［D］．河北人民出版社，2016．

[15] 张昆．新闻教育改革论［M］．武汉：华中科技大学出版社，2012．

[16] 钟新，周树华．传媒镜鉴：国外权威解读新闻传播教育［M］．北京：中国传媒大学出版社，2006．

[17] 陈俊峰．学徒制影响下的学院制：英国大学新闻教育研究［M］．武汉：华中师范大学出版社，2014．

[18] 叶澜. 中国基础教育改革发展研究 [M]. 北京：中国人民大学出版社，2009.

[19] 程裕祯. 中国文化要略 [M]. 北京：外语教学与研究出版社，2017.

[20] 王定华. 美国高等教育：观察与研究 [M]. 北京：人民教育出版社，2016.

[21] 陈丽菲. 媒介融合背景下的新闻传播教育 [M]. 桂林：广西师范大学出版社，2015.

[22] 单波. 新闻传播学的学术想象与教育反思 [M]. 北京：社会科学文献出版社，2014.

[23] 钱颖一. 大学的改革 [M]. 北京：中信出版社，2017.

[24] 陈乃林. 现代社区教育理论与实验研究 [M]. 北京：中国人民大学出版社，2006.

[25] 王晓红. 媒介融合语境下的新闻传播教育改革 [M]. 北京：中国传媒大学出版社，2016.

[26] 杨汉麟. 外国教育名家思想 [M]. 武汉：华中师范大学出版社，2010.

[27] 李宇. 传统电视与新兴媒体：博弈与融合 [M]. 北京：中国广播影视出版社，2015.

[28] 范琳. 高职院校创新创业教育研究 [M]. 广州：世界图书出版广东有限公司，2016.

[29] 隋岩. 媒介文化与传播 [M]. 北京：中国广播影视出版社，2015.

[30] 李枭鹰，王喜娟，欧阳常青. 中国—东盟高等教育区域性合作研究 [M]. 桂林：广西师范大学出版社，2015.

[31] 李化树. 建设西部高等教育区：西部高等教育区域合作与发展模式研究 [M]. 北京：人民出版社，2016.

[32] 李建新. 中国新闻教育史论 [M]. 北京：新华出版社，2003.

[33] 博克. 大学的未来 [M]. 曲强，译. 北京：中国人民大学出版社，2017.

[34] 佐藤学. 教育方法学 [M]. 王莉莉，译. 北京：教育科学出版社，2016.

[35] 约翰逊. 从课堂开始的创客教育：培养每一位学生的创造能力 [M]. 彭相珍，译. 北京：中国青年出版社，2016.

[36] 波洛玛. 当代社会学理论 [M]. 孙立平，译. 北京：华夏出版社，1989.

[37] 高尔，高尔，博格. 教育研究方法 [M]. 徐文彬，译. 北京：北京大学出版社，2016.

论文：

[1] 吴廷俊，王大丽. 从内容调整到制度创新：中国新闻教育改革出路 [J]. 西南民族大学学报，2012（7）：150-154.

[2] 涂凌波. 实用主义影响下学理与术业之并重：再论20世纪初中国新闻教育观念 [J]. 现代传播（中国传媒大学学报），2016（3）：142-144.

[3] 骆正林. 我国师范院校新闻传播教育的现状、问题及发展建议 [J]. 新闻大学，2017（1）：18.

[4] 蔡铭泽. 增强市场意识，改进新闻教育——兼谈"入世"与新闻教育的关系 [J]. 新闻大学，2001（4）：84-87.

[5] 蔡雯，周欣枫. 新闻教育的"密苏里方法"——美国密苏里新闻学院办学模式探

析[J]. 现代传播（中国传媒大学学报），2006（2）：123-125.

[6] 段京肃. 面向新世纪的新闻教育[J]. 国际新闻界，2000（5）：5-10.

[7] 郑保卫. 浅谈当前我国新闻与传播教育的现状、问题及对策发展[J]. 国际新闻界，2007（6）：47-52.

[8] 蔡雯，邝西曦. 新闻传播教育改革热点观察——基于近五年新闻教育改革研究成果的综合检索[J]. 当代传播，2016（3）：23-26.

[9] 彭吉象. 数字技术时代的影视创作与人才培养[J]. 中国电视，2016（2）：37.

[10] 周舟. 论我国新闻教育中学界与业界的合作[J]. 编辑之友，2016（9）：48-52.

[11] 陈积银，杨廉. 哥大新闻学院数据新闻教学的解读与借鉴[J]. 新闻大学，2016（10）：126-152.

[12] 蔡雯，周欣枫. 美国新闻教育改革的经典个案（下）——对美国哥伦比亚大学新闻学院的调研报告[J]. 国际新闻界，2005（12）：61-66.

[13] 夏琼，景天成. 搭建理论与实际间的桥梁——新时期中国新闻教育改革思考[J]. 新闻前哨，2013（7）：19-22。

[14] 陈维璐，胡艳. 美国新闻教育的新特征[J]. 新闻传播，2006（1）：70.

[15] 陈维璐，胡艳. 对近十年美国新闻教育新特征的探析[J]. 西南交通大学学报（社会科学版），2006（3）：40-44.

[16] 陈怡. 2008新媒体发展亮点[J]. 中国记者，2009（1）：40-41.

[17] 程道才. 论新闻教育的大众化，[J]. 当代传播，1999（1）：55-57.

[18] 帕金翰，宋小卫. 英国的媒介素养教育：超越保护主义[J]. 新闻与传播研究，2000（2）：73-79.

[19] 邓莉. 欧盟报告：欧洲高等教育机构须重视教学质量[J]. 世界教育信息，2013（15）：73-74.

[20] 邓涛，强月新. 新闻学与传播学关系初探[J]. 湖北教育学院学报，2007（6）：28-31.

[21] 杨芳秀，张涛甫，周勇. 关于新闻教育改革的对话[J]. 新闻战线，2016（11）：34-36.

[22] 高峰. 美国实用主义教育观分析[J]. 吉林省教育学院学报，2010（8）：126-127.

[23] 高钢. 媒介融合趋势下新闻教育四大基础元素的构建[J]. 国际新闻界，2007（7）：29-34.

[24] 高红波. 2008年中国新媒体产业发展研究[J]. 现代视听，2009（2）：22-24.

[25] 贺明华. 论美国新闻教育模式的形成及价值[J]. 国际新闻界，2011（8）：25-31.

[26] 黄鹂. 对美国新闻教育职业化的思考[J]. 华中科技大学学报（社会科学版），2005（2）：107-111.

[27] 黄雅兰，陈昌凤. 走向常态的融合新闻报道[J]. 中国记者，2014（12）：45-47.

[28] 赫斯科维兹，江海伦. 新闻学教育：生存还是繁荣？——来自美国新闻学院的报告[J]. 新闻记者，2011（10）：61-64.

[29] 姜卫玲. 媒介融合背景下的新闻教育改革研究[J]. 新闻界, 2011 (4): 150-152.

[30] 匡文波, 孙燕清. 美国新媒体专业教育模式分析及对中国的借鉴[J]. 现代传播, 2010 (8): 110-113.

[31] 李存颉. 国外高校新闻传播人才培养对我国的启示[J]. 新闻传播, 2013 (2): 81.

[32] 李劲松. 浅论新闻学教育的创新[J]. 湖北第二师范学院学报, 2009 (3): 36-37.

[33] 李希光. 新闻教育未来之路[N]. 图书馆报, 2010 (A16).

[34] 李青藜. 我所看到的美国大学新闻学教育——美国明尼苏达州立圣克劳德大学大众传播系见闻[J]. 新闻与写作, 2008 (10): 32-33.

[35] 李晓樱. 中国大陆新闻教育发展的态势与走向[J]. 华中理工大学学报, 1998 (4): 111-114.

[36] 刘海贵. 论中国新闻教育的危机与转机[J]. 新闻大学, 2001 (4): 88-91.

[37] 龙伟. 中、美新闻学本科高等教育比较研究[D]. 暨南大学硕士学位论文, 2013.

[38] 逯义峰. 课程创新与实践: 新媒体时代美国新闻教育改革发展趋势[J]. 新闻界, 2016 (2): 54-57.

[39] 罗自文. 关于美国新闻教育中专业技能培养的思考——以圣克劳德州立大学 (St. Cloud State University) 为例[J]. 国际新闻界, 2007 (7): 53-56.

[40] 马嘉. 媒介融合时代的日本新闻教育特色分析[J]. 国际新闻界, 2013 (4): 47-53.

[41] 马秋枫. 关于跨世纪新闻教育几个问题的思考[J]. 当代传播, 2000 (3): 63-65.

[42] 毛亚庆. 社会变迁与教育问题[J], 乐山师专学报, 1993 (2): 28-35.

[43] 倪宁. 我国新闻教育的发展及其特点[J]. 国际新闻界, 2000 (5): 11-14.

[44] 邵碧玉. 新时期中国新闻教育革新浅论[D]. 南昌大学硕士论文, 2007.

[45] 邵静. 美国新闻传播学教育的现状、趋势与启示[J]. 新闻大学. 2017 (8): 132-152.

[46] 史安斌, 张耀钟. 构建全球传播新秩序: 解析"中国方案"的历史溯源和现实考量[J]. 新闻爱好者, 2016 (5): 13-20.

[47] 苏林森. 我国新闻传播学教育的现状与问题——以2000年以来新办院系为例[J]. 中华文化论坛, 2012 (3): 159-163.

[48] 田华, 李志. 高校新闻教育如何培养特色人才?[J]. 青年记者, 2006 (4): 75-76.

[49] 童志峰. 论社会变迁——经典社会学家对社会变迁理论的思考[J]. 甘肃政法成人教育学院学报, 2002 (2): 101-105.

[50] 涂光晋. 世纪之交的美国新闻业——美国主要媒体现状考察分析[J]. 国际新闻界, 1998 (z1): 6-11

[51] 王慧敏, 董武绍. 美国高校新闻传播教育对我国的启示[J]. 广东技术师范学

院学报，2008（8）：103-106.

[52] 王积龙. 欧洲新闻教育的后工业社会理念转型[J]. 现代传播，2012（1）：116-120.

[53] 王建磊. 密苏里大学新闻学院媒体融合教育考察记[J]. 新闻记者，2010（6）：39-43.

[54] 吴顺比. 历史·现状·策略[D]. 西南大学博士毕业论文，2013.

[55] 吴廷俊. 问题与成绩同 1978—2008 中国新闻教育发展研究[J]. 新闻大学，2009（6）：33-42.

[56] 吴旭. 美国的"十大新闻传播学院"[J]. 对外传播，2009（12）：57-59.

[57] 武志勇，李由. 密苏里大学新闻学院的教育理念和教学模式[J]. 新闻大学，2009（4）：12-15.

[58] 肖飞. 新闻学实践教学的多元化结构分析[J]. 教育教学论坛，2012（10）：61-62.

[59] 肖毅. 社会变迁理论下的霍姆斯问题法探析兼论比较课程论[J]. 外国教育研究，2009（1）：32-36.

[60] 辛欣. 美国新闻教育思想的源流与发展[J]. 现代传播，2012（2）：120-123.

[61] 徐晓红. 我国新闻教育价值取向的历史演变及定位探析[D]. 中南大学硕士学位论文，2007.

[62] 于德山. 媒介融合背景下美国新闻传播教育面对的挑战与对策[J]. 现代传播（中国传媒大学学报），2011（12）：137-138.

[63] 岳芹芹. 论媒介融合背景下我国新闻教育改革[D]. 河北经贸大学硕士论文，2015.

[64] 张小琴，陈昌凤. 后喻时代的新闻教育——清华大学新闻与传播学院的"清新传媒"实践教学模式[J]. 国际新闻界，2014（4）：150-157.

[65] 赵敏. 新闻专业如何加强职业化教育[J]. 青年记者，2014（11）：101-102.

[66] 单晓颖，赵永华. 当前中国新闻教育面临的问题及改革途径[J]. 新闻春秋，2016（4）：11.

[67] 朱丹. 中国新闻教育现状分析[J]. 湖南大众传媒职业技术学院学报，2003（4）：57-60.

[68] Maurine Beasley，杨保军. 新世纪美国新闻学教育面临的挑战[J]. 国际新闻界，2001（5）：31-34.

[69] Berry Cm. Varying the Voice [J]. The Quil，2003.

[70] Sarah M. Hilkert，Colleen M. Cebulla，Shelly Gupta Jain，Sheryl A. Pfeil，Susan C. Benes，Shira L. Robbins. Breaking bad news：a communication competency for ophthalmology training programs [J]. Survey of Ophthalmology，2016.

[71] Samar M. Aoun，Lauren Breen，Robert Edis，Rob Henderson，David Oliver，Rod Harris，Denise Howting，Margaret O'Connor，Carol Birks. Breaking the news of a diagnosis of motor neuron disease：A national survey of neurologists' perspectives [J]. Journal of the Neurological Sciences，2016.

[72] Vincent J. Grant，Meg Wolff，Mark Adler. The Past，Present，and Future of

Simulation-based Education for Pediatric Emergency Medicine [J]. Clinical Pediatric Emergency Medicine, 2016.

[73] Harvey C. New Courses for New Media [J]. American Journalism Review, 2000.

[74] Klos D. M. Sparking a Passion for Journalism in High School [J]. Nieman Reports, 2001.

[75] South J. Disability as diversity: the disabled community is more than a stereotype [J]. The Quil, 2003.

[76] Stephens M. A J-School Manifesto [J]. Columbia Journal-ism Review, 2000.

其他：

[1] USNEWS 教育排行网站（2018 Best Colleges /College Rankings and Data/US News Education）. http://www.usnews.com/best-colleges.

[2] 李斌, 霍小光. 习近平：坚持正确方向创新方法手段, 提高新闻舆论传播力引导力 [EB/OL]. 2016-02-19 [2016-11-21].

[3] 人民网-新闻战线. 新闻传播学生就业现状及难点 [EB/OL].（2016-06-24）[2017-11-08]. http://news.xinhuanet.com/newmedia/2016-06-24/c_135463575.htm.

[4] 杨晓白. 透视美国新闻教育：要专业化还是要职业化?. http://www.xinhuanet.com/pplitics/2016-02/19/c_1118102868.htm [EB/OL].（2004-10-30）[2015-5-12]. http://news.sina.com.cn/0/2004-10-30/09454086269s.shtml.

附　　录

附录一　新闻专业新媒体教育现状调查问卷

　　首先感谢您在百忙中参加我们的调查问卷，此次问卷调查针对高校新闻学专业本科学生，问卷不涉及个人隐私，结果将用于我国高校本科新闻教育现状的研究。以下问卷均为单选题，希望您如实填写，谢谢合作！

1. 您所在的年级？_____
   A. 2017 级　　　　B. 2016 级　　　　C. 2015 级　　　　D. 2014 级
2. 您的性别？_____
   A. 男　　　　　　　　　　　　　　　B. 女
3. 您来本专业就读基于以下哪一因素？_____
   A. 自己意愿　　　B. 服从调剂　　　C. 听从他人指导
4. 您对本专业的兴趣？_____
   A. 非常感兴趣　　B. 比较感兴趣　　C. 一般　　　　　D. 不感兴趣
   E. 很不感兴趣
5. 您倾向于学习哪类课程？_____
   A. 新闻学、传播学等相关理论课程　　B. 编辑、采写等实训课程
   C. 新媒体方向的课程　　　　　　　　D. 法学、经济学等其他专业课程
6. 您认为所在专业的课程量和作业量大小如何？_____
   A. 非常大　　　　B. 比较大　　　　C. 一般　　　　　D. 比较少
   E. 很少　　　　　F. 没有
7. 您对自媒体的使用情况如何？_____
   A. 每天使用　　　　　　　　　　　　B. 每周 3~6 天
   C. 每周 2 天以下　　　　　　　　　　D. 从不使用
8. 您使用微博、微信等自媒体的目的是_____
   A. 辅助专业学习　　　　　　　　　　B. 与专业学习无关，就想开阔视野
   C. 主要为将来去网络媒体工作打基础　　D. 日常交往需要

9. 您是否了解新媒体技术（开设公众号、H5等）_____
   A. 是   B. 否
10. 您是否参与过新媒体实践_____
   A. 是   B. 否
11. 您认为从事新媒体是否需要专业的新闻专业知识_____
   A. 是   B. 否
12. 您认为新闻传播专业新媒体教育是否跟上实践_____
   A. 是   B. 否
13. 您是否了解本校的新媒体教育现状_____
   A. 是   B. 否
14. 您是否了解新媒体单位对人才的需求情况_____
   A. 是   B. 否
15. 您认为新媒体课程占总学分的比例如何？_____
   A. 多   B. 少   C. 适中
16. 您认为目前的新媒体课程是否满足您的需求？_____
   A. 充分满足   B. 满足   C. 基本满足   D. 不满足
17. 如果不能充分满足您的需求，其中最主要原因是什么？_____
   A. 课程设置不合理   B. 教材落伍   C. 教师水平不够   D. 实践环节较少
   E. 实验室操作不足   F. 其他
18. 您接触实验室的时间和机会多还是少？_____
   A. 非常多   B. 多   C. 一般   D. 较少
   E. 没有接触
19. 您对新闻摄影摄像设备、编辑程序的使用和掌握情况如何？_____
   A. 非常熟练   B. 较熟练   C. 一般   D. 较不熟练
   E. 不熟练   F. 不会
20. 您认为所在专业课堂学习与实践操作的比重怎样？_____
   A. 理论＞实践   B. 理论＝实践   C. 理论＜实践
21. 专业实习您倾向于去哪种单位或岗位？_____
   A. 报纸   B. 广电   C. 网络   D. 杂志
   E. 通讯社   F. 其他
22. 如果去新媒体单位或岗位工作，您认为您在哪方面最不足？_____
   A. 接触新媒体的资源和渠道   B. 采写编评知识
   C. 对新媒体的了解   D. 个人性格等
   E. 其他
23. 您认为目前专业课程设置最需要怎样调整？_____
   A. 增加新媒体课程   B. 减少新闻基础课程
   C. 维持现状   D. 其他
24. 您认为目前师资建设需要怎样调整？_____
   A. 增加研究型人才   B. 增加业界人才
   C. 增加实践课人才   D. 维持现状

25. 您认为在新媒体时代教师课堂教学过程中最需要改变_____
   A. 教学内容：将理论与最新媒体平台上最新的案例的结合，进行系统知识更新
   B. 教学方式：利用新媒体技术的应用，开设新的授课方式，如网络视频、博客论坛、学校 bbs 等
   C. 实践教学：注重培养新媒体技术的应用
   D. 其他

26. 您认为教学实践环节需要增加的内容是？_____
   A. 实验室操作   B. 到校外实地操作
   C. 创办学生媒体   D. 其他

27. 您认为目前新闻教学过程中布置的专业作业更偏重于哪一方面？_____
   A. 理论知识考核   B. 采写编评能力培养
   C. 新媒体实务操作以及创新   D. 其他

28. 现有新媒体课程与国外课程设置接轨的情况如何？_____
   A. 完全接轨   B. 有一定程度的接轨
   C. 基本没接轨   D. 完全没接轨
   E. 不了解

29. 您最想去听的关于新媒体方面的课程是 _____

30. 您毕业后的意向是？_____
   A. 从事传统新闻行业   B. 从事新媒体行业
   C. 从事其他专业   D. 不清楚

附录二 对用人单位和新闻专业学生的访谈表

（一）访谈对象：谢某（新闻单位负责人）

访谈问题：

1. 用人单位对新闻人才有哪些要求？
2. 新闻人在实践岗位应具有哪些专业能力？

（二）访谈对象：媒体记者、编辑

访谈问题：

1. 如何看待新媒体人才？
2. 新闻媒体需要什么样的人才？
3. 新闻媒体对新媒体人才的需求大吗？
4. 您对高校新媒体人才培养有哪些建议？

（三）访谈对象：马阳（新闻传播专业学生）

访谈问题：

1. 你的课程有哪些？有哪些是新媒体相关的课程？
2. 你做过哪些与新媒体相关的实训？
3. 我看到你们学校实践环境有声音混录棚、4K 超高清演播室、语言录制室、十讯道高清转播车等设备，那么平时这些设备的使用频率高吗？

（四）访谈对象：何佳欣（网络与新媒体专业学生）

访谈问题：

1. 你在大学中学了哪些课程？其中哪些课程是跟新媒体相关的？
2. 你在本科阶段是否参加过与新媒体相关的实践平台？
3. 你在学习过程中，与新媒体相关的实训有哪些呢？
4. 你觉得自己在本科时期，是否学到跟新媒体相关的有用的东西？有哪些收获？
5. 你觉得学校在新媒体专业学生的培养方面还应该添加什么内容？更应该注重哪方面的培养？

后　记

近十年新媒体对传统媒体行业的冲击日渐明显，也正因如此，笔者从这个角度对我国的新闻教育进行审视，了解其发展现状，并从国际的角度来看，是否符合当前媒体发展的节奏，是否与国际的新闻教育接轨。选择美国的新闻教育作为参照，主要是因为其新闻教育目前在全世界处于前列，有很多著名的新闻院系可供参考，在资料搜集和处理上也较为便利。本研究有幸得到了教育部人文社科青年基金的支持。

研究的主要工作之一是资料的搜集，了解国内的新闻院系，翻译美国部分新闻院系的资料，这个过程持续的时间较长，也在不断进行更新。在研究中还涉及一些问卷环节和对一些政府单位、媒体工作人员、专家和新闻专业学生的访谈。问卷调查前后大规模进行了两次，而第一次因为一些细节的问题只有推翻重来，所以只保留了后面的调查结果。访谈对象较多，在文中并没有一一列举和体现，主要对一些具有代表性的观点进行截取。

本研究汇总性的内容较多，在此基础上进行分析和讨论，力图通过数据和案例来思考新闻教育在新媒体时代的发展之策。

本书的出版要感谢西南政法大学新闻传播学院李珮院长、李韧院长、贺建平教授、罗小萍教授等领导和同事给予的支持，感谢中国传媒大学出版社张毓强社长，感谢张莉莉、魏征、姜颖昳和张丽娟编辑的专业指导和辛勤付出，也要感谢曾津、邓海霞、刘艳、王微、王兴元、薛石岩等同学在资料搜集和问卷发放方面所给予的帮助。

书中的不足之处，诚望各位专家及热心读者不吝指正。

陈丽丹
2019年6月10于重庆

图书在版编目（CIP）数据

我国新闻教育发展现状与改革路径探索/陈丽丹著.—北京：中国传媒大学出版社，2019.12
ISBN 978-7-5657-2535-7

Ⅰ.①我… Ⅱ.①陈… Ⅲ.①新闻学—教育改革—研究—中国 Ⅳ.①G210-4

中国版本图书馆CIP数据核字（2019）第183363号

我国新闻教育发展现状与改革路径探索
——基于中美新闻教育实践的考察
WOGUO XINWEN JIAOYU FAZHAN XIANZHUANG YU GAIGE LUJING TANSUO
——JIYU ZHONGMEI XINWEN JIAOYU SHIJIAN DE KAOCHA

著　　　者	陈丽丹
责 任 编 辑	张莉莉
特 约 编 辑	魏　征
排　　　版	楠竹文化
封 面 设 计	拓美设计
责 任 印 制	李志鹏
出版发行	中国传媒大学出版社
社　　　址	北京市朝阳区定福庄东街1号　邮编：100024
电　　　话	86-10-65450532　65450528　传真：010-65779405
网　　　址	http://cucp.cuc.edu.cn
经　　　销	全国新华书店
印　　　刷	北京玺诚印务有限公司
开　　　本	787mm×1092mm　1/16
印　　　张	8
字　　　数	210千字
版　　　次	2019年12月第1版
印　　　次	2019年12月第1次印刷
书　　　号	ISBN 978-7-5657-2535-7/G·2535　　定　价　24.00元

版权所有　　翻印必究　　印装错误　　负责调换